Q_CM

300 questions et réponses
concernant la **culture générale**

Dans la collection Eyrolles Pratique :

- *Communiquer en arabe maghrébin*, Yasmina Bassaïne et Dimitri Kijek
- *QCM de culture générale*, Pierre Biélande
- *Le christianisme*, Claude-Henry du Bord
- *QCM Histoire de France*, Nathan Grigorieff
- *Citations latines expliquées*, Nathan Grigorieff
- *Philo de base*, Vladimir Grigorieff
- *Religions du monde entier*, Vladimir Grigorieff
- *Les philosophies orientales*, Vladimir Grigorieff
- *Découvrir la psychanalyse*, Edith Lecourt
- *Dictionnaire des symboles*, Miguel Mennig
- *QCM Histoire de l'art*, David Thomisse
- *Comprendre l'islam*, Quentin Ludwig
- *Comprendre le judaïsme*, Quentin Ludwig
- *Comprendre la kabbale*, Quentin Ludwig
- *Le bouddhisme*, Quentin Ludwig
- *L'Europe*, Tania Régin
- *Comprendre le protestantisme*, Geoffroy de Turckheim

Pierre Biélande

300 questions et réponses
concernant la **culture générale**

Quatrième tirage 2006

EYROLLES

Éditions Eyrolles
61, Bld Saint-Germain
75240 Paris Cedex 05
www.editions-eyrolles.com

Direction de la collection « Eyrolles Pratique » : gheorghi@grigorieff.com
Maquette intérieure et mise en page : M2M
Illustrations : Nicolas Thomisse (sauf page 155 © Corel)
Corrections : Johan Rinchart

© Groupe Eyrolles, 2003, ISBN 10 : 2-7081-3501-5, ISBN 13 : 978-2-7081-3501-7

Sommaire

Chapitre 1 :
Mythologie gréco-romaine

Réponse 1

La réponse est B. **Midas** hérita d'une paire d'oreilles d'âne alors qu'il s'était mêlé de donner son avis lors d'un concours musical entre les dieux **Apollon** et **Pan** (ou, selon d'autres traditions, Marsyas).

L'aventure la plus connue de Midas est cependant celle au cours de laquelle il reçut un don des dieux qui lui permit de transformer en or tout ce qu'il touchait, y compris la nourriture... Il ne put se débarrasser de ce don incommodant qu'en se baignant dans le **fleuve Pactole**. Il faut sans doute voir là l'origine de l'expression « c'est un pactole ».

Réponse 2

La réponse est B. Au cours d'une expédition contre la Grèce pour venger la mort de son fils Androgée, tué par Égée, roi d'Athènes, **Minos** mit le siège devant Nisa, la capitale du Mégare, royaume de **Nisos**. **Scylla**, fille de ce dernier, tomba amoureuse de Minos. Décidée à aider son héros, et contre une promesse de mariage, elle enleva le cheveu d'or qui tenait son père en vie. Elle livra ainsi sa patrie à l'ennemi. Minos, qui lui avait pourtant promis le mariage, fut horri-

Question 1

Quelle mésaventure concoctée par les dieux frappa Midas :

A. il fut transformé en âne durant trois jours pour avoir critiqué le dieu Pan ?

B. il hérita d'une paire d'oreilles d'âne après avoir critiqué la musique d'Apollon ?

C. les dieux changèrent tout son or en plomb pour le punir de sa rapacité ?

Question 2

Nisos, père de Scylla, était en guerre avec *Minos*, roi de Crète. Comment *Scylla* tua-t-elle son propre père pour donner la victoire à *Minos* dont elle était amoureuse :

A. elle trancha la tête de son père, profitant de son sommeil ?

B. elle coupa le cheveu d'or dont dépendait la vie de son père ?

C. elle le poussa du haut des remparts de sa forteresse, profitant d'un moment d'inattention de ce dernier ?

Question 3

Qui donna à Thésée le fil qui lui permit de retrouver son chemin après avoir libéré les Athéniens du joug du *Minotaure* :

A. Ariane ?

B. Médée ?

C. Aethra ?

Question 4

Comment procédèrent Dédale et son fils Icare pour s'échapper du Labyrinthe que Dédale avait lui-même construit et dans lequel ils étaient retenus prisonniers :

A. en fabriquant des ailes qui leur permirent de s'envoler ?

B. connaissant le Labyrinthe, Dédale en retrouva la sortie et endormit les gardes grâce à une potion magique que lui donna la magicienne Médée ?

C. Dédale et Icare se façonnèrent une sorte de parachute qui leur permit de sauter à l'eau à partir des remparts du Labyrinthe ?

fié par ce crime et fit, dit-on, noyer la parricide.

Réponse 3

La réponse est A. **Ariane**, fille de Minos, tomba amoureuse de **Thésée** et lui donna le fil qui lui permit de sortir du **Labyrinthe** construit par Dédale et dans lequel était enfermé le **Minotaure**. Après son exploit, Thésée s'enfuit sur son navire avec Ariane. Il fit escale sur l'île de Naxos et l'abandonna. C'est alors que le dieu Dionysos décida de la recueillir et de l'épouser.

Réponse 4

La réponse est A. Ayant réuni assez de plumes pour se faire des ailes, **Dédale** et **Icare** prirent leur envol du haut des remparts de la forteresse. Grisé par cette nouvelle sensation, Icare vola de plus en plus haut, s'approcha trop du soleil et la cire de ses ailes se mit à fondre, libérant les plumes une à une. Faute d'ailes, Icare périt en mer devant son père impuissant.

Réponse 5

La réponse est A. **Pégase** est né du sang de la tête de la **Méduse**.

La Méduse était elle-même une des trois gorgones, créatures femelles d'aspect monstrueux, filles de Phorcys et de Céto, deux divinités marines.

Les représentations de la Méduse nous la montrent avec une face ronde, hideuse et une chevelure de serpents. Son sang était, paraît-il, mortel, et un seul de ses regards changeait en pierre tout être qui avait osé porter l'œil sur elle.

Pégase est également le symbole de l'inspiration poétique. Il est aussi une constellation australe, voisine d'Andromède.

Réponse 6

La réponse est B. **Atlas** devait porter le ciel sur ses épaules. Il connut une fin assez originale. Croyant que Persée en voulait aux fruits d'or de son verger, il l'attaqua. Mal lui en prit car **Persée** lui montra la **tête de la Méduse** et Atlas fut aussitôt changé en pierre. La chaîne montagneuse Atlas doit son nom à cette légende.

Question 5

Comment est né Pégase, le cheval ailé de *Persée* :

A. Pégase est né du sang qui ruisselait de la tête de la Méduse que venait de trancher Persée ?

B. Pégase est une création du dieu Hermès, messager des Olympiens, qui le donna à Persée en récompense de ses exploits ?

C. Pégase est un cadeau donné à Persée par Éole, le dieu du vent ?

Question 6

Quelle était la mission d'*Atlas* :

A. il devait protéger le verger de Zeus, dont les fruits donnaient l'immortalité ?

B. il devait porter le ciel sur ses épaules ?

C. il devait maintenir écartées les deux colonnes placées sur chacune des rives du détroit de Gibraltar ?

Question 7

Comment Zeus frappa-t-il les hommes devenus indignes de peupler la terre :

A. il demanda à Eole de faire souffler les vents en tempête et en tornade jusqu'à ce que toutes les constructions fussent détruites ?

B. il punit les hommes en les frappant de ses foudres ?

C. il décida, en accord avec Poséidon, de submerger les hommes sous les flots ?

Question 8

D'où provient la voie lactée :

A. elle est née d'un conflit entre les dieux Zeus et Apollon. Zeus, dans son courroux, fit éclater la voûte céleste en utilisant la foudre ?

B. elle est la trace de la folle course de Phaéton à la tête de l'attelage des 4 chevaux de feu de son père, au cours de laquelle Phaéton mit le feu à la voûte des cieux ?

C. elle est née des cheveux de Cassiopée et d'Andromède, sa fille ?

Réponse 7

La réponse est C. **Zeus**, furieux contre les hommes impies et corrompus, décida de les exterminer. Avec **Poséidon**, il noya la terre sous les flots. Le tout-puissant Zeus avait d'abord pensé utiliser la foudre pour détruire la gent humaine. Il changea cependant d'avis car il craignait que les flammes du gigantesque incendie ainsi provoqué n'atteignent la demeure des dieux.

Réponse 8

La réponse est B. **Phaéton** mit le feu à la voûte céleste. La **Voie lactée** est la trace de cet incendie. Pour prouver à Phaéton qu'il était bien son père, **Apollon** lui promit d'exaucer n'importe lequel de ses désirs. Phaéton souhaita conduire l'**attelage des chevaux à crinière de feu** d'Apollon. Las, Phaéton n'avait pas la poigne de son père, et l'attelage se rua vers le ciel où il mit le feu à la voûte céleste. L'attelage s'approchant dangereusement du sol, Zeus décida de mettre fin à l'équipée en foudroyant Phaéton de peur que ce dernier ne mette également le feu à la terre.

Réponse 9

La réponse est B. **Cronos**, dieu du temps, régnait sur tout. Sachant qu'il serait détrôné par un de ses enfants (Zeus), il les dévorait après leur naissance. A la naissance de **Zeus**, la femme de Cronos mit une pierre à la place de l'enfant et parvint à tromper le dieu cruel. Par la suite, Zeus libéra son père des Titans qui l'avaient fait prisonnier mais ce ne fut que pour le chasser de l'Olympe. Jupiter est le nom romain donné à Zeus.

Réponse 10

La réponse est A. **Vulcain** était décidément très laid. Sa mère, **Junon**, s'en offusqua et le jeta par-dessus bord. À la suite de sa chute, il resta boiteux sa vie entière. Sur terre, il s'établit comme forgeron et prit refuge sous l'Etna. Il forgea la foudre pour son père qui, en récompense, lui donna **Aphrodite** pour femme. Un cadeau empoisonné car si elle était la plus belle des femmes, elle était également extrêmement infidèle.

Question 9

Avant Zeus, quel dieu commandait à toutes choses et à toutes gens :

A. Jupiter ?

B. Cronos ?

C. Uranus ?

Question 10

À la suite de quoi Vulcain, fils de Jupiter et de Junon, devint-il boiteux :

A. sa mère, le trouvant trop laid, le précipita sur terre du haut de l'Olympe ?

B. il reçut sa masse de forgeron sur son pied. Cette masse était si lourde qu'elle ne pouvait être maniée que par un dieu ?

C. son père le foudroya lorsqu'il tenta de le détrôner. La foudre ne le tua point mais le laissa boiteux à jamais ?

Vulcain, Héphaïstos chez les Grecs, était le dieu du feu et de la métallurgie. Un des rares dieux de l'Olympe à être productif. Il forgea la ceinture d'Aphrodite, sa femme, mais aussi le char du soleil ou le triton de Poséidon. Il construisit également le palais des dieux, le trône de Zeus et les armes de quelques héros parmi lesquels les flèches d'Artémis et d'Apollon. Dans la mythologie romaine, il épouse Maïa et devient par la même occasion dieu de la fécondité.

Question 11

D'où nous viennent tous les maux de la terre :

A. de Pandore, trop curieuse, qui ouvrit l'amphore dans laquelle Zeus avait enfermé toutes les calamités qui pouvaient frapper la terre ?

B. Zeus voulut punir les hommes qui ne le respectaient plus assez et décida de leur envoyer toutes sortes de calamités ?

C. de Prométhée, qui avait aidé les hommes, ce qui indisposa Zeus. Ce dernier, fatigué de la concurrence que lui faisaient les hommes assistés de Prométhée, les frappa de tous les maux qu'il connaissait ?

Réponse 11

La réponse est A. **Pandore**, par sa curiosité, fut la responsable des maux que doivent supporter la terre.

Zeus, fatigué de la concurrence des hommes, décida de leur jouer un mauvais tour. Il donna à Pandore, qu'il savait horriblement curieuse, une amphore dans laquelle étaient scellés tous les maux connus. En l'ouvrant, Pandore les libéra mais elle libéra aussi l'Oiseau vert porteur de l'espoir.

Quant à Prométhée, il décida de venir en aide aux hommes à la suite de l'ouverture de l'amphore.

Question 12

Quel fut le premier exploit d'*Hercule* :

A. il sortit vainqueur de son combat contre les Amazones ?

B. il dévia le fleuve Alphée pour nettoyer les écuries d'Augias ?

C. il étrangla deux énormes serpents dès sa naissance ?

Réponse 12

La réponse est C. **Hercule** venait à peine de naître qu'il étranglait deux énormes serpents qui rôdaient dans le coin. Son combat contre les Amazones et le nettoyage des écuries d'Augias ne sont que deux de ses futures péripéties. Hercule est plus particulièrement connu pour ses douze travaux au cours desquels il se défit successivement du Lion de Némée, de l'Hydre de Lerne, et captura la Biche de Cérynie, le sanglier d'Erymanthe ou encore

le Taureau de Crète ou les Juments de Diomède.

Réponse 13

La réponse est B. Après que l'oracle lui eut annoncé que son fils le tuerait, **Laïos** lui perça le pied avant de l'abandonner au berger qui devait l'exécuter.
Toutefois, le berger auquel Laïos avait donné l'enfant n'obéit pas aux ordres donnés et confia le bébé à un berger corinthien. Celui-ci le présenta à son roi, Polybos, lequel décida de l'adopter. Oedipe rencontra son père sur un chemin de montagne ; un des chariots de Laïos, qu'il n'avait évidemment pas reconnu, lui écrasa le pied au passage et une lutte se déclencha au cours de laquelle Oedipe tua son propre père.
Après avoir résolu l'énigme que posait le **Sphinx**, il accéda au trône de Thèbes et épousa sa propre mère dont il ignorait également l'identité.

Réponse 14

La réponse est C. **Égée** se précipita du haut de la falaise qui surplombe la mer Égée.
Ayant envoyé son fils **Thésée** combattre le **Minotaure**, il lui

Question 13

Pourquoi *Laïos* perça-t-il le pied d'*Oedipe* :

A. l'oracle lui ayant annoncé que son fils le tuerait, il lui fit une marque au pied afin de pouvoir le reconnaître après l'avoir abandonné sur le mont Cithéron ?

B. Laïos lui fit cette marque pour empêcher le fantôme d'Oedipe de marcher ?

C. la marque dans le pied était le signe identifiant les esclaves. Cette marque devait faire en sorte que son fils ne puisse jamais quitter son état et venir revendiquer le trône ?

Question 14

Pourquoi *Égée* tomba-t-il dans la mer qui, aujourd'hui encore, porte son nom :

A. il fut jeté dans cette mer par le bandit Sciron qui avait coutume de détrousser les passants puis de les précipiter du haut de la falaise d'où il commettait ses méfaits ?

B. Égée fut poussé par sa propre fille Scylla qui était amoureuse du fils de son ennemi, le roi Minos ?

C. croyant à la mort de son fils, Égée se précipita du haut de la falaise ?

Question 15

Quel rôle jouèrent les *Cyclopes* dans l'accession de *Zeus* au titre de plus grand des dieux :

A. ils ne jouèrent aucun rôle ?

B. ils aidèrent Zeus à renverser Cronos ?

C. ils aidèrent Cronos à vaincre Zeus, mais celui-ci finit par gagner et il emprisonna les Cyclopes sous l'Etna ?

Question 16

Quelle était l'apparence corporelle du *Sphinx* :

A. le Sphinx était muni d'ailes, avait une tête de femme et un corps de lion ?

B. le Sphinx avait un corps de chien et une tête de femme ?

C. le Sphinx avait un corps de lion avec plusieurs têtes de chien ?

Thésée

avait demandé de mettre une voile blanche à la place d'une voile noire en cas de victoire. Thésée eut raison du Minotaure mais, dans l'ivresse de la victoire, oublia de hisser la voile blanche. Son père, qui scrutait l'horizon, voyant la voile noire, crut à la mort de son fils et se jeta du haut de la falaise.

Réponse 15

La réponse est A. Les **Cyclopes** ne jouèrent aucun rôle dans l'accession de Zeus à la plus haute fonction. Les trois Cyclopes de la légende, Argès (l'Éclair), Brontlès (le Tonnerre) et Stéropès (la Foudre), avaient été enfantés par Gaïa (la Terre) et Ouranos (le Ciel). Tous les craignaient fortement, c'est pourquoi tant **Ouranos** que **Cronos** prirent bien soin de les enfermer dans le **Tartare**, lieu souterrain qui était la prison des dieux. **Zeus** les délivra en prenant le dessus sur Cronos. Ils devinrent ses serviteurs et, pour lui, forgèrent la foudre.

Réponse 16

La réponse est A. Le **Sphinx** était un animal doté d'ailes, d'une tête de femme (jolie d'ailleurs) et d'un corps de lion. Le Sphinx terrorisait

la ville de Thèbes en dévorant les victimes qui ne pouvaient répondre à son **énigme** : « Quelle est la créature qui marche à quatre pattes le matin, à deux pattes à midi, à trois le soir et qui est la plus faible quant elle en utilise le plus ? » (ou, selon d'autres versions, « et qui est la plus rapide quand elle en utilise le moins ? »). Seul **Œdipe** put répondre correctement à la question posée. C'était l'homme qui marche à quatre pattes à la naissance, à deux pattes à l'âge adulte et s'aide d'une canne lorsqu'il devient un vieillard. Aussitôt, le Sphinx se précipita du haut d'une falaise et mourut.

Réponse 17

La réponse est B. **Circé** était une magicienne qui changeait ses ennemis en animaux. Les compagnons d'**Ulysse** en firent la triste expérience et furent changés en porcs, à l'exception d'**Euryloque**, qui soupçonnait le piège. Ulysse fut lui-même sauvé du sortilège grâce à **Hermès**, qui lui expliqua comment y échapper.

Réponse 18

La réponse est C. **Charybde** est un monstre femelle, fille de Poséidon

Question 17

Quelle était l'une des caractéristiques majeures de *Circé* :

A. prêtresse, elle servait d'oracle ?

B. magicienne, elle avait la désagréable habitude de changer ses ennemis ou ceux qui l'avaient offensée en animaux ?

C. déesse, elle avait le pouvoir d'honorer tous les désirs des mortels ?

Question 18

Comment *Ulysse* fut-il sauvé de *Charybde* :

A. il fut sauvé grâce à Eole, qui envoya un vent violent, lequel transporta le bateau d'Ulysse et son équipage au-dessus du détroit où se cachait le monstre Charybde ?

B. Circé donna à Ulysse le charme qui empêcherait le monstre d'aspirer les flots et le bateau ?

C. Ulysse fut sauvé du gouffre en s'accrochant à une branche de figuier ?

Question 19

Comment *Cassandre* acquit-elle ses facultés de divination :

A. elles lui furent données par Zeus après avoir mis au monde un des enfants du terrible dieu ?

B. Apollon tomba amoureux d'elle et lui apprit l'art de la divination en récompense de ses faveurs futures ?

C. Cassandre était la fille d'une des muses. Par conséquent, elle possédait le don de divination dès sa naissance ?

Question 20

Pourquoi *Castor* et *Pollux* passaient-ils à tour de rôle un jour sur l'Olympe et un jour dans le royaume d'Hadès :

A. Castor et Pollux étaient les messagers de Zeus et furent les seuls autorisés à faire la navette entre l'Olympe et le royaume d'Hadès pour y transmettre les nouvelles ?

B. Castor était fils d'Hadès et Pollux fils de Zeus, ou l'inverse, nul ne le sut jamais. C'est pourquoi ils alternèrent leurs visites à chacun de leurs pères putatifs ?

et de Gaïa, qui aspirait l'eau de mer trois fois par jour pour détruire tous les bateaux qui passaient. Le bateau d'Ulysse fut aspiré et **Ulysse** dut la vie à une branche de figuier. Lorsque Charybde recracha le bateau d'Ulysse, ce dernier saisit le bout du mât et fut ainsi sauvé.

Réponse 19

La réponse est B. **Cassandre** était la fille de **Priam**, Roi de Troie, et d'Hécube. **Apollon** tomba amoureux d'elle et lui apprit l'art de la divination dans l'espoir d'obtenir ses faveurs. Mais Cassandre refusa. Apollon la condamna alors à **prophétiser avec justesse** sans être jamais crue.

Réponse 20

La réponse est C. A la suite d'une dispute entre, d'une part, les deux frères **Castor** et **Pollux** et, d'autre part, leurs cousins Idas et Lyncée, une poursuite se déclencha au cours de laquelle **Idas** atteignit Castor de son javelot. Sur ces entrefaites, Pollux tua **Lyncée** d'un coup de lance et **Zeus** se chargea d'Idas. De retour auprès de Castor qui se mourait, Pollux demanda à Zeus, son père, de pouvoir partager son immortalité avec son frère. Zeus exauça

cette prière et chacun à tour de rôle passait un jour sur l'**Olympe** et un jour dans le royaume d'Hadès.

Réponse 21

La réponse est B. Si un dieu ayant fait un serment sur le **Styx** ne tenait pas son engagement, il se voyait envahi par une léthargie qui durait neuf années de mortel (une « grande année » pour les dieux) et était exilé de l'Olympe durant 9 « grandes années » (81 années normales). Le Styx est le fleuve qui sépare le **royaume d'Hadès** des autres mondes.

Réponse 22

La réponse est A. ***Thésée*** fit office de **grand sauveur** en prenant le chemin de Céphise. Se débarrassant des nombreux bandits qui rôdaient sur ce chemin côtier, il libéra la population de ceux qui la terrorisaient. À son actif, il y avait donc les brigands Héphaïstos, Sinis, Sciron et Procuste, un monstre truie baptisé Phaea, et le roi tortionnaire Cercyon.

C. Castor fut blessé à mort par une lance et Pollux partagea avec lui son immortalité. Ils furent dès lors obligés de se trouver à tour de rôle sur l'Olympe et au royaume d'Hadès ?

Question 21

Comment était puni le non-respect d'un serment fait par un dieu sur le *Styx* :

A. le dieu était aussitôt transformé en serpent ?

B. le dieu se voyait provisoirement envahi par une léthargie et était exilé de l'Olympe pour plusieurs années ?

C. le dieu perdait ses pouvoirs durant sept grandes années. Il était de surcroît éjecté de l'Olympe à tout jamais ?

Question 22

Que fit *Thésée* sur le chemin de Céphise :

A. il tua tous les bandits qui le guettaient ?

B. il vint en aide à Hercule pour nettoyer les écuries d'Augias ?

C. il fut frappé d'un sortilège par Médée qui l'obligea à honorer toutes les vierges qui se trouvaient sur sa route ?

Question 23

Qu'était l'*Elysée* :

A. le champ d'honneur de l'Olympe ?

B. le fleuve qui séparait l'Olympe des autres territoires ?

C. l'île des bienheureux. Ce qui équivaut à notre paradis ?

Question 24

Comment *Poséidon* revint-il à la vie, alors que *Cronos* l'avait mangé à sa naissance :

A. Poséidon fut rejeté par Cronos lorsqu'il provoqua à l'intérieur de l'estomac de ce dernier une tempête qui lui fit tout dégurgiter ?

B. Poséidon se transforma en une forme liquide qui lui permit de sortir par des voies naturelles. Il retrouva sa forme première une fois sorti ?

C. Métis donna à Cronos un émétique – une substance qui fait vomir – qui lui fit restituer ses enfants, y compris Poséidon ?

Réponse 23

La réponse est C. L'**Élysée** était l'île des bienheureux qui, au sein du **royaume d'Hadès**, accueillait les quelques rares élus qui pouvaient bénéficier de ce paradis en raison de leurs mérites respectifs. Les autres étaient envoyés pour l'éternité dans les plaines d'**Asphodèles**, où ils exerçaient leurs anciennes activités terrestres sans aucune force, sans aucune joie.

Réponse 24

La réponse est C. Après avoir été mangé par **Cronos** à sa naissance comme ses frères et sœurs, **Zeus** excepté, **Poséidon** revint à la vie après que **Métis** eut donné à Cronos l'émétique qui lui restitua ses enfants.

Poséidon, dieu de la mer et des cours d'eau, avait un tempérament violent et s'opposa en de nombreuses occasions à Zeus qu'il aida pourtant à combattre les Titans.

Réponse 25

La réponse est A, B ou C selon les versions.

Selon Homère, il semble bien que les **Sirènes** de l'Odyssée étaient **mi-femmes, mi-oiseaux** mais nul n'a de certitudes à ce sujet dans la mesure où ceux qui les virent

ne revinrent jamais pour nous le conter. Voilà qui détruit le mythe de la sirène mi-femme, mi-poisson que les légendes du Moyen Âge colportèrent. Toutefois, bon nombres de sources définissent les sirènes comme des êtres fabuleux ayant cette apparence corporelle.

Toutes les sources concordent au moins sur un point : leurs chants attiraient immanquablement ceux qui les entendaient vers des récifs où ils perdaient la vie. **Ulysse**, pour y échapper, se fit ligoter au mât de son navire tandis que son équipage s'était bouché les oreilles.

Réponse 26

La réponse est B. Le femme de Minos eut un amour contre nature pour le taureau qu'avait offert Poséidon à Minos. Ce dernier avait, en effet, demandé à **Poséidon** de lui donner une victime pour le sacrifice qui devait marquer son accession au trône. Le taureau était si beau que **Minos** refusa de le sacrifier. Sa femme, **Pasiphaé**, éprouva une passion pour le taureau en question. Elle demanda à Dédale de construire un simulacre de vache dans lequel elle s'introduisit pour se faire « honorer » par le taureau. Le résultat de cet amour contre nature fut la naissance du **Minotaure**.

Question 25

Quelle forme avaient les sirènes :

A. elles avaient un tronc et une tête de femme, et un corps de poisson ?

B. elles avaient une tête de femme et un corps d'oiseau ?

C. on ne connaît pas leur apparence car tous ceux qui eurent l'occasion de les voir, périrent ?

Question 26

Quel événement explique que *Minos* eut pour fils le *Minotaure* :

A. Minos ayant provoqué le courroux de Circé, celle-ci transforma son enfant en un monstre mi-homme mi-taureau ?

B. la femme de Minos fut éprise du magnifique taureau qu'on avait offert à son mari et se fit engrosser par la bête ?

C. Médée substitua un taureau à l'enfant de Minos pour le punir de lui avoir refusé ses faveurs ?

Question 27

Qui fut le premier mari de *Médée* :

A. Jason ?

B. Télémaque ?

C. Égée ?

Question 28

Pourquoi le dieu *Mars* était-il si important dans la mythologie romaine :

A. Mars était le père de Romulus, futur fondateur de Rome ?

B. Mars aurait indiqué à Enée l'endroit où Rome devait être construite en lui indiquant qu'il trouverait sept sources sur la colline désignée ?

C. Mars aurait habité sur le mont Palatin où fut bâtie Rome ?

Question 29

Comment *Hermès* obtint-il les faveurs d'*Aphrodite* :

A. il fit boire à Aphrodite un filtre concocté par Médée, jalouse de la beauté de cette dernière ?

Réponse 27

La réponse est A. Le premier époux de Médée fut **Jason**.

Médée, comme sa tante Circé, fut très tôt une magicienne habile mais laissa de mauvais souvenirs à de nombreuses personnes, notamment à Glaucé, fille de Créon, qui brûla vive après avoir enfilé une tunique maléfique que lui avait offerte Médée. Il est vrai que Glaucé convoitait Jason, ce qui alimenta la jalousie de Médée.

De même, Thésée, fils d'Égée, fit l'expérience de la haine de Médée. Cette dernière, après avoir fui, à la suite de l'incident que nous venons de conter, se réfugia chez **Égée** et l'épousa. Ils eurent un fils, Médos, auquel Thésée faisait ombrage. C'est pourquoi Médée essaya de se débarrasser de lui en lui faisant absorber une coupe de vin empoisonné. Mais Égée l'en empêcha.

Réponse 28

La réponse est A. **Mars**, en engendrant **Romulus** avec **Rhea Silvia**, une vestale, donna naissance à la nation romaine. Sans attribution précise au départ, Mars, qui était sans doute le dieu des paysans, devint progressivement le dieu de la guerre. Sa place dans le pan-

théon des dieux romains s'affirma au fur et à mesure que les **Romains** devenaient un peuple de guerriers.

Réponse 29

La réponse est C. **Aphrodite** refusa ses faveurs à **Hermès**, alors qu'elle les offrait à beaucoup d'autres. Zeus donna alors un coup de pouce à Hermès en envoyant son aigle voler une des sandales d'or d'Aphrodite pendant qu'elle se baignait dans le fleuve Achéloos. Hermès lui offrit de lui rendre sa sandale en échange de ses faveurs et elle accepta. Aphrodite était la déesse de l'amour (surtout physique) et du désir. Elle épousa **Héphaïstos** (Vulcain chez les Romains) mais ne lui fut pas vraiment fidèle.

Réponse 30

La réponse est A. **Éole** est le fils d'Hippotas, roi de l'île flottante d'Éolia, et donc mortel (selon d'autres versions, il est le fils d'Hellen et d'Orséis). **Zeus**, qui l'aimait beaucoup, lui donna le **contrôle des vents**. Avant de contrôler les vents, Éole, marin chevronné, avait inventé la voile et appris à prévoir le temps.

B. il fit jurer à Aphrodite de l'épouser (et donc de lui donner ses faveurs...), s'il parvenait à voler un troupeau de moutons à Apollon ?

C. Zeus aida Hermès en envoyant son aigle voler une sandale d'or d'Aphrodite, laquelle, pour récupérer sa sandale, dut donner ses faveurs à Hermès ?

Question 30

Qu'est-ce qui différencie *Éole* des autres dieux :

A. Éole n'est pas un dieu, Zeus lui conféra simplement le contrôle des vents ?

B. Éole est le seul dieu dont les parents étaient tous deux mortels ?

C. Éole naît d'un souffle émis par la bouche de Zeus et n'est pas issu d'un mariage ?

Éole

Question 31

Avec quel dieu *Psyché* eut-elle une aventure qui la mena au mariage :

A. *Éros* ?

B. Apollon ?

C. Héphaïstos ?

Question 32

Comment *Pénélope* fit-elle patienter ses prétendants, en attendant le retour de son mari, Ulysse, que tous croyaient mort :

A. elle leur promit le mariage une fois qu'elle aurait terminé le linceul qui devait ensevelir son beau-père ?

B. elle promit d'épouser celui qui lui apporterait la dépouille de son défunt mari ?

C. elle promit d'épouser celui qui parviendrait à dresser le cheval blanc qui était la monture de son mari ?

Réponse 31

La réponse est A. La merveilleuse **Psyché** était d'une telle beauté qu'elle fut victime des persécutions d'**Aphrodite**. Elle fut cependant aimée d'**Éros**, dieu de l'amour. Las, alors que celui-ci lui avait demandé de ne pas essayer de percer le secret de son identité, elle, curieuse, le regarda à la lueur d'une lampe et se rendit compte qu'il s'agissait d'Éros. Son divin amant, la surprenant, disparut pour la châtier de sa curiosité et de ses doutes.

Psyché devint alors l'esclave d'Aphrodite, qui lui fit traverser de dures épreuves. Mais l'Amour, Éros, qui la regrettait profondément, l'enleva et la rendit immortelle. Elle vit depuis dans une félicité éternelle.

Réponse 32

La réponse est A. **Pénélope**, épouse d'Ulysse, alors qu'elle attendait le retour improbable de son mari, victime des dieux, dut inventer le stratagème du linceul pour faire patienter les prétendants qui se pressaient à sa porte. Ce n'est qu'une fois le linceul destiné à son beau-père terminé qu'elle aurait laissé à ses prétendants un espoir d'en épouser un.

Maligne, elle **défaisait tous les soirs le linceul** qu'elle avait tissé la journée.

Réponse 33

La réponse est C. Alors que la victoire souriait enfin aux Troyens et qu'**Hector** s'apprêtait à mettre le feu aux navires grecs, **Poséidon**, à la demande d'Héra, intervint et rassembla les Grecs qui repoussèrent le danger.

L'intervention d'**Héra** était, comme d'habitude, une manifestation du désaccord qui régnait au sein du divin couple. La manière utilisée par Héra pour se venger de **Zeus** est typique. Elle intervient pour déjouer la volonté du grand Zeus, qui, dans ce cas, protégeait momentanément les Troyens.

Réponse 34

La réponse est A. **Hélène** était si belle qu'elle attira tous les célibataires en âge de se marier au moment où elle-même était prête à prendre un époux. **Ulysse**, qui était sur les rangs, pour éviter que le climat de jalousie ne dégénère en rixes et violences diverses, proposa que chacun des prétendants promette de protéger la vie et les droits de l'élu, ce qu'ils firent.

Question 33

Comment *Hector* fut-il mis en échec alors qu'il allait mettre le feu aux vaisseaux grecs transportant les envahisseurs de Troie :

A. Poséidon provoqua une tempête qui dispersa les navires grecs hors de portée des Troyens ?

B. Achille surgit sur son flanc avec des troupes cachées en vue de le prendre au piège, lui et ses troupes ?

C. Poséidon intervint en rassemblant les Grecs qui purent repousser le danger ?

Question 34

Hélène était la plus belle princesse grecque en âge de se marier. Que durent accepter, au préalable, les nombreux prétendants qui désiraient obtenir sa main :

A. chaque prétendant dut promettre de protéger la vie et les droits de l'heureux élu ?

B. ils durent accepter de se battre entre eux, le survivant ayant l'honneur de l'épouser ?

C. chaque prétendant dut accepter de céder l'équivalent de son poids en argent ?

Question 35

Pourquoi le talon d'*Achille* était-il son point faible :

A. c'était le seul endroit qui n'était pas couvert par l'armure ou protégé par le bouclier ?

B. Thétis plongea Achille, alors qu'il venait de naître, dans le fleuve des enfers pour le rendre invulnérable. Toutefois, elle le tenait par le talon, lequel ne fut pas plongé dans le fleuve et resta donc vulnérable ?

C. Thétis l'oignit d'un onguent qui devait le protéger de toutes les armes humaines. Cependant, elle ne put terminer sa tâche, surprise par son mari Pélée ?

Question 36

Pourquoi *Enée*, héros troyen, devint-il si important aux yeux des Romains :

A. il donna naissance à Remus et à Romulus ?

B. il se réfugia, avec les survivants de Troie, sur les côtes de l'Afrique et fonda une ville qui aura plus tard une importance capitale pour les Romains : Carthage ?

C. il se réfugia en Italie avec les survivants du massacre de Troie, et fonda une alliance latino-troyenne, s'installant à l'endroit qui allait devenir Rome quelques siècles plus tard ?

Agamemnon fit en sorte que la belle Hélène puisse épouser son frère **Ménélas**.

Réponse 35

La réponse est B. **Thétis**, mère d'**Achille**, plongea le nouveau-né dans le fleuve des enfers pour le rendre invulnérable. Toutefois, comme elle le tenait par le **talon**, celui-ci ne bénéficia pas de l'invulnérabilité que donnaient les eaux du fleuve. Mal lui en prit : une flèche tirée dans son talon par Pâris et guidée par Apollon provoqua la mort du héros grec.

Réponse 36

La réponse est C. **Énée**, prince troyen, le plus pieux d'entre eux, s'échappa de Troie, mise à sac par les Grecs, emmenant avec lui son père et son fils, ainsi que les Pénates.

Il prit la mer et, jouet des dieux, connut différentes pérégrinations. Il aborda non loin de Carthage et aussi en Sicile, mais, sur l'injonction de Jupiter, se dirigea finalement vers l'Italie pour y fonder une alliance avec les Latins. Installés dans le Latium, lui et les siens donnèrent naissance aux descendants qui **fondèrent Rome** quelques siècles plus tard.

Réponse 37

La réponse est A. C'est **Pâris** qui enleva la belle **Hélène** des mains de **Ménélas** pour l'emmener à Troie.

Si Hélène succomba au charme de Pâris, et en fin de compte s'il y eut la guerre de Troie, c'est en raison de l'orgueil d'Aphrodite. Celle-ci voulait s'entendre dire par Pâris, qui visitait sa demeure, qu'elle était la plus belle femme. Pour ce compliment, Aphrodite promit la main de la plus belle femme à ce dernier. Lorsqu'il vit Hélène, il fit intervenir **Aphrodite** pour qu'elle charme Hélène et la pousse dans ses bras. Ce qui fut fait. Les deux amants profitèrent de l'absence de Ménélas pour fuir et gagner Troie, où ils furent mariés malgré l'opposition de nombreux chefs troyens, dont Hector.

Réponse 38

La réponse est A. **Antigone** est bien la fille d'**Oedipe** et de **Jocaste**. Créon est le frère de cette dernière, et Haemon, fils de **Créon**, est **le fiancé** d'Antigone.

Étéocle et Polynice, fils d'Oedipe, s'emparèrent du trône de Thèbes. Leur entente ne dura guère et, après la mort d'Oedipe, ils s'entre-tuèrent au cours d'un combat singulier. Créon, qui devint roi de Thèbes, enterra Étéocle en grande pompe mais ne

Question 37

Qui enleva la belle *Hélène* pour l'amener à Troie :

A. Pâris ?

B. Hector ?

C. Achille ?

Question 38

De qui *Antigone* est-elle la fille :

A. d'Œdipe ?

B. de Créon ?

C. d'Haemon ?

Aphrodite

Question 39

Qui sont les *Titans* :

A. les premiers enfants de Cronos, et par conséquent les égaux de Zeus ?

B. la première race divine sur terre, ils sont les fils et filles d'Ouranos (le ciel) et de Gaïa (la terre) ?

C. ils sont les fils de Zeus et les proches parents d'Atlas ?

donna pas de sépulture à Polynice, le considérant comme un traître pour avoir comploté la destitution d'Étéocle, qui était alors seul roi de Thèbes.

Le geste d'Antigone qui la rendit illustre fut sa **désobéissance aux ordres de Créon**, lequel avait interdit de toucher le corps de Polynice. Elle refusa de se soumettre et lança trois poignées de poussière sur la dépouille. Elle fut condamnée à mort pour ce geste.

Selon certaines versions, beaucoup moins connues, Haemon, qui devait exécuter la sentence, fit semblant de le faire et cacha Antigone à la campagne. Là, ils eurent un fils.

Réponse 39

La réponse est B. Les **Titans** sont les descendants directs d'Ouranos (le ciel) et de Gaïa (la terre). Ils forment la première race divine que porte la terre. **Cronos**, qui devait régner sur toutes choses en ce monde avant l'avènement de Zeus, était **un des douze Titans** dont la moitié était de sexe masculin, l'autre de sexe féminin.

Réponse 40

La réponse est A. Alors que Pâris vient d'enlever Hélène, **Agamemnon**, frère de Ménélas, va au-devant des princes grecs et **leur rappelle leur serment**. Ils doivent protéger la vie et les droits de l'élu qui épouserait Hélène. Il les convainc de lever des troupes et de marcher sur Troie pour **récupérer Hélène** et ainsi venger l'honneur bafoué de son frère.

C'est donc Agamemnon qui dirige les troupes qui cinglent vers Troie.

C'est Achille qui tua Hector, le célèbre héros troyen, et c'est Ulysse qui eut l'idée du cheval de Troie.

Question 40

Quel rôle joue *Agamemnon* dans la guerre de Troie :

A. il est le frère de Ménélas, lui-même époux d'Hélène. C'est Agamemnon qui lève l'armée des Grecs pour punir Pâris et détruire Troie ?

B. il tue Hector, le héros troyen ?

C. c'est lui qui eut l'idée du cheval de Troie ?

Chapitre 2 :
Religions

Réponse 41

La réponse est A. **Saint Paul** n'était pas à Jérusalem lors de la **crucifixion du Christ**.

Avant sa conversion, Paul combattit le christianisme et fut, entre autres, un des accusateurs de saint Étienne. Sur le chemin de Damas, alors qu'il allait diriger une persécution, il eut une vision du Christ. Dès ce moment, il se convertit et prit le nom de Paul. Il devint le plus zélé des missionnaires de la foi chrétienne. Saint Paul ne faisait donc pas partie des disciples du Christ qui reçurent le don du Saint-Esprit. Mais il se joignit, ainsi que saint Barnabé, au premier groupe apostolique constitué des disciples et devint ainsi un apôtre. Saint Paul est connu comme le **treizième apôtre**, celui des « gentils ».

Réponse 42

La réponse est C. **Saint Benoît** (480-547) était un grand mystique qui fonda en 528 la première abbaye bénédictine sur le Mont-Cassin. La **règle bénédictine** est inspirée de saint Basile qui fonda les premières communautés de reclus. La vie bénédictine mêle la vie de travail à la vie intellectuelle en un juste équilibre aux règles cependant fort rigoureuses. Saint

Question 41

Lequel de ces trois saints n'était pas à Jérusalem lors de la crucifixion du Christ :

A. Paul ?

B. Thomas ?

C. Jean ?

Question 42

Quelle est la particularité du Mont-Cassin (Monte Cassino en Italie) :

A. le Mont-Cassin est le monastère dans lequel était supposé être enfermé le saint suaire à l'époque des guerres contre les Sarrasins ?

B. le Mont-Cassin est implanté sur le lieu où saint Pierre fut crucifié la tête en bas ?

C. le Mont-Cassin est le premier monastère bénédictin ?

Le Saint-Esprit est une notion issue du Nouveau Testament et qui fut élaborée lors du Concile de Nicée en 325. L'Église catholique nous enseigne la Trinité où trois êtres forment un seul et même Dieu (Dieu le Père, Dieu le Fils et le Saint-Esprit). Ils sont tous trois incréés, omnipotents, co-éternels et co-égaux. Le Saint-Esprit est le souffle divin que les Catholiques interprètent comme étant l'amour du Père pour le Fils et du Fils pour le Père. Un amour parfait qui leur permet de n'être qu'un !

Question 43

Qu'est-ce qui différencie le calvinisme
du luthéranisme :

A. alors que les calvinistes affirment que le
Christ est le fils de Dieu le père, les luthériens rejettent cette affirmation ?

B. les calvinistes reconnaissent la Bible
comme seule autorité en matière de foi, ce
qui n'est pas le cas des luthériens ?

C. les calvinistes et les luthériens s'opposent
sur la question du salut éternel, accordé à
des élus prédestinés pour les calvinistes,
et aux croyants par le simple acte de foi
pour les luthériens ?

Question 44

Quelle était la différence entre l'hérésie
albigeoise et le catharisme :

A. il n'y pas de différence entre les deux ?

B. l'hérésie albigeoise était absolutiste. Elle
se manifesta par le massacre des dignitaires de l'Église catholique, alors que les
Cathares visaient la perfection grâce à
l'austérité ?

C. l'hérésie albigeoise rejetait le matérialis-
me alors que les Cathares défendaient les
propriétés de l'Église ?

Benoît encouragea les moines à
l'étude et à la copie des manus-
crits.

Réponse 43

La réponse est C. Les **calvinistes**
croient en un salut donné à
quelques élus prédestinés, alors
que les **luthériens** croient en un
salut offert aux croyants par la
seule grâce de la foi.

Jean Calvin (1509-1564) est, avec
Luther (1483-1546), à la base du
grand schisme de la religion chrétienne qui donna naissance au
protestantisme. Du fait de la clar-
té de l'exposé de ses doctrines et
de son action en faveur d'une
église réformée, **Calvin** fut considéré comme le **réformateur
incontesté** de l'Église. Par la suite,
il fut jugé avec sévérité pour son
intransigeance et notamment
pour l'élimination de Michel
Servet, libre penseur de l'époque
qui niait la divinité du Christ (il
périt sur le bûcher à la suite d'un
procès où les droits de la défense
furent constamment bafoués par
Jean Calvin lui-même).

Martin **Luther**, philosophe et
réformateur religieux allemand,
était ulcéré par la **vente des indulgences** qui offraient le paradis
aux personnes trop naïves. Alors
qu'il sollicitait une intervention
des autorités ecclésiastiques, il

ne rencontra qu'un mur de silence, tandis qu'un dominicain, Johannes Tetzel (1465-1519), soutenait ces activités au son d'une simple ritournelle :

> *Sitôt que dans le tronc*
> *l'argent résonne*
> *Du purgatoire brûlant*
> *l'âme s'envole*

Luther riposta à ces pratiques en affichant à la porte de l'église du château de Wittenberg **95 thèses réformistes** rédigées par lui et dénonçant la vente des indulgences (1517). Cette date marque le début de la Réforme.

L'évolution du combat de Luther contre les abus de l'Église catholique le fit s'opposer au pape. Ce dernier l'excommunia par une bulle que Luther brûla solennellement. La rupture était consommée.

Jean Calvin

Réponse 44

La réponse est A. Le **catharisme** est plus connu en France sous le terme d'**hérésie albigeoise**. Malgré la dénomination, c'est plus à Toulouse qu'à Albi que les membres installèrent leur capitale. L'histoire retiendra **le massacre des Albigeois** au début du XIIIe siècle par les barons du Nord envoyés par le pape Innocent III pour mettre fin à l'hérésie.

Luther

QCM
300 questions et réponses
concernant la **culture générale**

Question 45

En quoi s'opposaient les franciscains et les dominicains :

A. les franciscains soutenaient l'ordre légitime du Saint-Siège alors que les dominicains s'opposaient au Saint-Siège dont le faste les choquait profondément ?

B. les franciscains faisaient vœu de mendicité, ce qui n'était pas le cas des dominicains ?

C. les franciscains s'opposèrent aux dominicains sur le point de la théologie rationnelle ?

Question 46

À quelle fin fut créée la Compagnie de Jésus :

A. pour contrôler l'Inquisition ?

B. pour permettre l'évangélisation des territoires découverts par les Espagnols et les Portugais au XVIᵉ siècle ?

C. pour offrir aux jésuites un apostolat en Terre sainte ou en un autre lieu choisi par le pape ?

Le mouvement cathare prônait une austérité rigoureuse en opposition avec les dépenses fastueuses du Saint-Siège. Les cathares opposaient le monde pur de l'esprit au monde méprisable des biens matériels. Cette attitude manichéenne déboucha sur la remise en cause du sacrement du baptême. La purification de l'esprit était octroyée par un « pur » par l'imposition des mains. Ce sacrement ne pouvait être reçu qu'une seule fois. Le moindre péché entraînait la damnation.

Réponse 45

La réponse est C. Les **franciscains**, qui faisaient partie d'un ordre mendiant, se méfiaient des intellectuels et de l'approche dogmatique et savante des **dominicains** (également un ordre mendiant). Pourtant des deux côtés se développèrent les intelligences les plus vives : **Roger Bacon** ou encore **Guillaume d'Occam** chez les franciscains ; saint **Thomas d'Aquin** et **Fra Angelico**, notamment, chez les dominicains. Tout en s'opposant aux dominicains sur le plan de la théologie rationnelle et desséchante, les **franciscains** furent à la base de la **science positive** basée sur la méthode expérimentale.

Réponse 46

La réponse est C. La **Compagnie de Jésus** fut créée par **Ignace de Loyola** (1491- 1556) et proposait aux jésuites ayant fait vœu de chasteté et de pauvreté un apostolat en Terre sainte, ou, à défaut, en un lieu que leur assignait le pape.

Ignace de Loyola, le fondateur et le premier général de l'ordre, s'opposa longtemps à l'**Inquisition** qui le chassa de l'université d'Alcala. Après de nombreuses péripéties et l'échec d'un départ vers la Palestine, Ignace de Loyola et cinq compagnons se rendirent à Paris où la **Compagnie de Jésus fut fondée** (**1534**). Elle fut définitivement approuvée en 1540 par le pape Paul III.

Réponse 47

La réponse est B. **Lucifer** était le plus beau des anges. S'étant révolté contre Dieu par orgueil et en vue de l'égaler, il fut chassé et précipité en enfer où, tout naturellement, il prit la tête des démons.

Réponse 48

La réponse est A. Un **anachorète** est un **religieux contemplatif** qui s'isole du monde et se retire en

Question 47

Qui était Lucifer :

A. une divinité provenant des cultes mésopotamiens antiques et que les chrétiens s'approprièrent ?

B. le plus beau et le plus intelligent des anges ; il était chef de la milice céleste... et se révolta contre Dieu ?

C. dès le départ, le chef des démons sous la terre ?

Question 48

Qu'est-ce qu'un anachorète :

A. un religieux contemplatif qui vit, seul, dans le désert ou dans la forêt ?

B. un membre d'une secte réformée refusant le baptême aux enfants ?

C. une sentence qui exclut un hérétique de l'Église ?

Question 49

Qu'est-ce qu'un prosélyte :

A. c'est le nom donné à un supérieur dans la Compagnie de Jésus ?

B. c'est un Israélite qui dirige la lecture de la Torah lors des cérémonies religieuses ?

C. c'est un nouveau converti à une religion, à une secte, à une doctrine. Plus particulièrement, c'est un païen converti au judaïsme ou au christianisme ?

Question 50

À quoi est due l'appellation « Saint-Pierre » de la basilique de Rome :

A. c'est l'endroit où saint Pierre construisit sa première église ?

B. c'est là que, selon la tradition, se trouve le tombeau de saint Pierre ?

C. la basilique prit ce nom en mémoire de saint Pierre pour illustrer le rôle central qu'elle devait jouer au sein de la chrétienté, c'est-à-dire être le pilier de la chrétienté au même titre que l'apôtre Pierre ?

des lieux peu habités (désert, forêts, cavernes...), où il demeure seul.

Les membres de la secte réformée (protestante) refusant le baptême aux enfants s'appellent les **anabaptistes**, tandis que l'**anathème** est la sentence qui exclut un hérétique de l'Église.

Réponse 49

La réponse est C. Le **prosélyte** est un **nouveau converti** à une religion quelconque et plus généralement à une doctrine, une secte ou autre parti. Historiquement, les prosélytes étaient les païens nouvellement convertis au judaïsme.

Réponse 50

La réponse est B. Selon la tradition, c'est sous la basilique Saint-Pierre de Rome qu'est situé le **tombeau de saint Pierre** et c'est pour cette raison que la basilique prit ce nom.

Réponse 51

La réponse est A. À l'origine, les **basiliques** étaient des édifices rectangulaires terminés par un hémicycle, à usage laïque et destinés à recevoir les juges. C'était un **lieu public, un forum où la justice était rendue**. Dans l'hémi-

cycle était placée la tribune destinée à recevoir les juges. Les chrétiens mirent un autel à la place de
la tribune. En général, l'appellation de basilique est décernée par
le pape à une église importante,
souvent lieu de pèlerinage.

Réponse 52

La réponse est C. La **simonie** est le
terme utilisé pour dénoncer le
commerce des biens spirituels.
Cette dénomination vient de la
légende qui veut que **Simon le
Magicien**, qui était connu pour
ses sortilèges, proposât à **Simon-
Pierre** de lui vendre ses pouvoirs
et ses dons du Saint-Esprit.
Un **cénobite** est un moine qui vit
en communauté. Le cénobitisme
est donc l'état du cénobite.
Le mennonisme n'existe pas. Par
contre, un **mennonite** est un
membre d'une secte protestante
très austère fondée au XVIe siècle
en Suisse.

Réponse 53

La réponse est C. L'**ordre des
Chevaliers du Temple** adopta la
règle de Saint Benoît et les trois
vœux furent exigés de tous les
templiers. Leur rôle de défenseurs
des lieux saints et des pèlerins
leur valut beaucoup d'admiration
ainsi que des donations. Vivant

Question 51

Quelle est l'origine des basiliques
chrétiennes :

A. des édifices publics romains où était rendue la justice ?

B. des édifices romains consacrés au
marché ?

C. des temples païens des Grecs et des
Romains qui furent reconvertis en églises
chrétiennes ?

Question 52

Quel est le nom donné au trafic des biens
spirituels :

A. le mennonisme ?

B. le cénobitisme ?

C. la simonie ?

Question 53

Quel rapport existe-t-il entre les bénédictins
et l'ordre des Templiers :

A. les bénédictins furent spoliés de leurs
biens à Jérusalem par les templiers ?

B. les bénédictins accompagnaient les templiers dans les croisades et leur servaient
de confesseurs ?

C. la règle de saint Benoît fut appliquée à l'ordre des Templiers ?

Question 54

Qu'est-ce que l'Immaculée Conception :

A. le nom donné à la Vierge Marie ?

B. le nom donné à la conception du Christ sans que Marie ait connu charnellement Joseph ?

C. le nom donné à l'annonce faite à Marie par l'ange Gabriel et par laquelle il lui dit qu'elle enfantera le Christ ?

Question 55

Quel est le point commun de ces trois œuvres : *Le Château de l'âme*, *Le Chemin de la perfection* et *Les Pensées sur l'amour de Dieu* :

A. chacun de ces livres fut écrit par un des créateurs des grands ordres, saint Benoît, saint Dominique et saint François ?

B. ces trois livres forment la trilogie dont s'inspira Dante pour écrire sa *Divine Comédie* qui compte trois parties : l'Enfer, le Purgatoire, le Paradis ?

C. ces trois livres furent écrits par sainte Thérèse d'Avila ?

simplement et toujours sur le pied de guerre, leur vie changea le jour où ils durent quitter la Palestine pour Chypre. Ils devinrent les banquiers des pèlerins, des rois et des princes, et leur richesse attira bien des convoitises et des ennemis.

Philippe le Bel prit prétexte de fausses accusations à l'égard des templiers pour, en l'espace d'une nuit, supprimer l'ordre, confisquer ses biens et en emprisonner tous les plus hauts dignitaires. Le grand maître de l'ordre et cinquante-trois autres templiers furent brûlés au bûcher au terme d'un procès qui dura de 1307 à 1314.

Réponse 54

La réponse est B. L'**Immaculée Conception** est l'acceptation par les chrétiens du fait que Marie soit née sans être soumise au péché originel. Ceci fut accepté par le **concile de Bâle en 1431**, et érigé en dogme par Pie IX en 1854. L'Annonciation est le nom donné à l'annonce faite à Marie par l'ange Gabriel lorsque ce dernier lui révèle qu'elle enfantera par le Saint-Esprit.

Réponse 55

La réponse est C. *Le Château de l'âme, Le Chemin de la perfection*

et *Les Pensées sur l'amour de Dieu* sont trois livres écrits par **sainte Thérèse d'Avila** (1515-1582) et qui comptent parmi les plus beaux de la littérature mystique. Sainte Thérèse est également connue pour la transverbération et les extases qu'elle connut au cours d'oraisons. Les **stigmates** (cicatrices qui apparaissent sur le corps à l'emplacement des cinq blessures du Christ) qui se marquaient dans sa chair lui faisaient craindre ces moments d'extase. Elle mena une vie active faite de longues promenades et de jeûnes sévères.

Réponse 56

La réponse est C. **Saint Paul** n'a pas écrit d'Évangile, contrairement à saint Matthieu et à saint Jean. Il a par contre laissé des écrits fondateurs pour l'église catholique.

Saint Paul est le **treizième apôtre**, celui des gentils. Il fut un ardent missionnaire du christianisme et fit de longs voyages quatorze années durant.

Saint Jean l'Évangéliste est un apôtre du Christ. Il écrira le **quatrième Évangile** qui met l'accent sur l'amour entre les êtres. Il fut l'apôtre auquel le Christ confia sa mère alors qu'il mourait sur la Croix.

Saint Matthieu était également un des douze apôtres du Christ.

Question 56

L'un de ces trois saints n'a pas écrit d'Évangile. Lequel :

A. saint Matthieu ?

B. saint Jean ?

C. saint Paul ?

Le cinquième évangile

Il est souvent fait état d'un cinquième évangile écrit par saint Thomas. Longtemps, l'Église a été accusée d'en cacher l'existence. Découvert en 1945 à Nag Hammadi (Haute-Égypte), il fait partie des treize volumes rédigés sur papyrus qu'on appelle aussi les « évangiles secrets » des gnostiques. Ces papyrus écrits en copte — la langue parlée par les chrétiens d'Égypte — sont restés cachés durant 1600 ans. Ils furent cachés par les « hérétiques », lesquels craignaient des représailles à leur égard après la structuration de l'Église imposée par le Concile de Nicée. L'évangile selon saint Thomas reprend cent paroles de Jésus. Si certaines sont en accord avec les paroles citées dans les autres évangiles, d'autres diffèrent singulièrement. Composé au deuxième siècle et attribué à Thomas — coutume fréquente à l'époque —, la particularité de cet évangile vient de la personnalité même de Thomas que d'aucuns considéraient comme le jumeau spirituel de Jésus. Il aurait ainsi accédé à l'enseignement secret de Jésus. Cet évangile ne mentionne aucun miracle, peu de paroles ont trait au royaume futur. Jésus y apparaît davantage comme un maître de sagesse que comme le fils de Dieu.

Question 57

De quoi est composée la Bible :

A. de la Torah et du Nouveau Testament ?

B. de la Torah ?

C. de la Bible israélite et du Nouveau Testament ?

Question 58

Quel événement fête-t-on à l'occasion de l'Ascension :

A. la montée au ciel du Christ en présence des apôtres et des disciples ?

B. la montée au ciel de la Vierge Marie ?

C. la résurrection de Lazare ?

Son Évangile traite plus particulièrement de l'enfance et de l'origine du Christ, ainsi que des prédications de ce dernier.

Réponse 57

La réponse est C. La **Bible** est composée de l'*Ancien Testament* et du *Nouveau Testament*.

L'*Ancien Testament* est, selon le canon de l'Église catholique, la Bible israélite composée de quarante-cinq livres. Parmi ceux-ci, on retrouve la Torah, les livres prophétiques, historiques, sapientiaux et poétiques.

Le *Nouveau Testament* est composé des quatre Évangiles selon saint Matthieu, saint Luc, saint Marc et saint Jean et comporte en outre les Actes des Apôtres, les Épîtres de saint Paul, saint Jacques, saint Pierre, saint Jean et saint Jude, l'Épître aux Hébreux et l'Apocalypse de saint Jean.

Réponse 58

La réponse est A. L'**Ascension** est la fête qui célèbre l'anniversaire de l'ascension du Christ au ciel en présence des apôtres et des disciples. Cette fête est commémorée quarante jours après la résurrection du Christ.

Réponse 59

La réponse est B. **La Salette, Fatima** et **Pontmain**, au même titre que Lourdes et Paris, sont des lieux où la **Vierge Marie apparut à des témoins oculaires**.

À La Salette-Fallavaux, la Vierge apparut, en 1846, à deux jeunes bergers. À Fatima, en 1917, trois bergers portugais furent témoins de l'apparition de la Vierge sur la « Fosse d'Irène » (*Cova di Iria*).

Ces lieux sont bien entendu devenu des endroits de pèlerinnage.

Réponse 60

La réponse est B. L'**arianisme** est une **hérésie** issue d'Arius, prêtre d'Alexandrie, et de ses adeptes. Arius fut le premier à mettre en doute le dogme de la Trinité et de la divinité du Christ.

L'arianisme fut condamné en deux occasions : par le concile œcuménique de Nicée, en 325, au cours duquel le Credo fut précisé (Christ, fils de Dieu, est consubstantiel au Père (possède la même substance que le père, fait un avec lui)), et par le concile de Constantinople, en 381.

Question 59

Quel est le point commun à ces trois lieux : La Salette, Fatima et Pontmain :

A. ce sont trois étapes-relais du pèlerinage de Compostelle ?

B. ce sont trois lieux où apparut la Vierge Marie ?

C. ce sont les trois premiers sites où furent implantés des monastères dominicains ?

Question 60

Quel lien existe-t-il entre la Trinité et l'arianisme :

A. l'arianisme est le dogme d'une congrégation religieuse particulièrement attachée à la Trinité ?

B. l'arianisme est une hérésie qui mit en cause le dogme de la Trinité et de la divinité du Christ ?

C. l'arianisme est le nom donné par l'Église orthodoxe pour désigner la Trinité ?

Question 61

Quelle fut la première condition à remplir pour être élu pape, qui a fait l'objet d'une bulle papale :

A. il fallait être cardinal de l'Eglise romaine ?

B. il fallait être l'évêque de Rome ?

C. il fallait être élu par les cardinaux et évêques ?

Question 62

Qu'est-ce qu'un concile :

A. l'assemblée des cardinaux et évêques dont le rôle est d'élire un nouveau pape ?

B. les réunions solennelles de cardinaux au cours d'un pontificat ?

C. l'assemblée des évêques de l'Eglise catholique chargée de débattre des questions théologiques (dogme, morale, discipline) ?

Question 63

Quelle est la différence entre les Pâques chrétiennes et la pâque juive :

A. les deux fêtes célèbrent la résurrection du Christ mais se déroulent à deux dates différentes ?

Réponse 61

La réponse est C. Le pape **Nicolas II** (1059-1061), par la bulle *In nomine Domini*, rendit un arrêt selon lequel l'élection du pape se ferait par les cardinaux-évêques seuls. Aucun document de l'Antiquité chrétienne n'impose de conditions expresses pour l'élection du pape. Bien vite cependant, l'**évêque de Rome** est élu pape par le clergé romain, celui de la province et par le peuple. Pour restreindre le corps électoral, Nicolas II, sous l'influence du futur Grégoire VII, rédige cette bulle.

Ce n'est que peu à peu que l'électorat se réduira aux seuls cardinaux. En 1970, Paul VI décréta que les cardinaux âgés de plus de 80 ans ne pourraient plus participer à l'élection du pape.

Sans que cela soit une obligation, la tradition veut que le **pape soit désigné parmi les cardinaux présents** au conclave.

Réponse 62

La réponse est C. Un **concile** est une assemblée des évêques de l'Église catholique chargée de **débattre des questions théologiques** (dogme, morale, discipline). Les conciles parmi les plus célèbres de l'histoire de la religion catholique sont les suivants:

Nicée (325), Constantinople (381), Latran (1123, 1139, 1179, 1215), Latran (1512-1517), Trente (1545-1563) et, plus près de nous, Vatican II (1962-1965).

Réponse 63

La réponse est B. Les **Pâques chrétiennes** célèbrent la résurrection du Christ, tandis que la **pâque juive** commémore la sortie d'Égypte par les juifs, sous la conduite de Moïse. À l'origine, les Pâques chrétiennes étaient célébrées en même temps que la pâque juive. Mais en 325, le concile de Nycée fixa cette fête un dimanche, avant que Denys le Petit ne la fixe, au VIe siècle, le dernier dimanche suivant la première pleine lune après l'équinoxe du printemps.

Réponse 64

La réponse est A. Le titre de **cardinal** est donné aux membres les plus éminents de l'Église catholique en raison de leurs mérites. Il est attribué aux évêques, aux prêtres, aux supérieurs d'ordre monastique et même aux diacres. Les cardinaux forment le **Sacré Collège** qui conseille le pape. Nombre de cardinaux vivent dans le voisinage immédiat du Vatican. Depuis le concile du Latran (1179),

B. alors que les Pâques chrétiennes célèbrent la résurrection du Christ, la pâque juive commémore la sortie d'Égypte sous la conduite de Moïse ?

C. les Pâques chrétiennes célèbrent la résurrection du Christ alors que la pâque juive commémore la crucifixion du Christ ?

Question 64

Dans la hiérarchie catholique, que représente le titre de cardinal :

A. c'est un titre qui est donné aux membres les plus méritants de l'Eglise catholique qui forment le Sacré Collège. Tant les évêques que les prêtres ou les supérieurs d'ordre monastique peuvent être nommés cardinal ?

B. c'est le titre placé juste au-dessus de celui d'évêque et il n'est donné qu'aux évêques ?

C. c'est un titre qui donne juridiction administrative sur plusieurs diocèses ; il existe des cardinaux laïques ?

Question 65

De qui les marids et les ifrits sont-ils les enfants :

A. des djinns ?
B. de Ganga, la déesse des eaux du Gange ?
C. des trolls ?

Question 66

Qu'est-ce qu'un zoroastrien :

A. un membre d'une secte bouddhiste ?
B. un membre d'une ancienne religion iranienne basée sur la dualité entre le bien et le mal ?
C. un dignitaire religieux tantriste ?

Question 67

Qu'était Baal :

A. un dieu égyptien (3000 av. J.-C.) auquel on sacrifiait des enfants ?
B. le nom biblique qui désigne, de manière générale, tous les faux dieux ?
C. le dieu mésopotamien de la destruction ?

ils élisent le pape lors d'un conclave secret.

Dans l'Église catholique, un **archevêque** a la charge d'une province ecclésiastique. Un **évêque**, à la tête de son diocèse, lui doit donc obéissance. L'**archidiacre** est un dignitaire ecclésiastique qui possède une sorte de juridiction sur les curés du diocèse, il participe à la gestion de celui-ci, notamment en ce qui concerne la distribution des aumônes.

Réponse 65

La réponse est A. Dans l'islam, les **djinns** apparaissent sous des formes humaines ou animales et peuvent donner naissance aux **marids** et aux **ifrits**, qui sont des êtres à demi diaboliques, fruits de l'union du djinn et d'une femme. Les djinns peuvent être favorables ou dangereux. Les Arabes auraient emprunté les djinns aux Égyptiens.

Réponse 66

La réponse est B. Un **zoroastrien** est un membre de la religion iranienne réformée par **Zarathoustra**. Il vécut entre 700 et 630-600 (?) avant Jésus-Christ. La religion qu'il prônait était profondément dualiste, opposant le Bien et le Mal, la Lumière aux Ténèbres.

Le **tantrisme** est l'ensemble des croyances qui se donnent pour but le salut par la connaissance ésotérique des lois de la nature. Il est issu des Tantras, livres sacrés liés aux cultes hindous, qui apparurent entre le IXᵉ et le XIIIᵉ siècle.

Réponse 67

La réponse est B. **Baal** est, dans la Bible, le nom donné à tous les faux dieux. Le culte de Baal remonte à la plus haute Antiquité. Baal fut le **dieu de la fécondité en Asie Mineure**, le **dieu créateur** chez les sémites de l'Est ; il fut assimilé à Saturne chez les Romains en raison de sa réputation de cruauté. Il n'est pas impossible que la résurgence du culte de Baal à l'époque précédant la naissance du Christ ait donné lieu à des sacrifices humains, notamment d'enfants.

Réponse 68

La réponse est A. L'**Aga Khân** est considéré comme un descendant de Mahomet. Il est le chef spirituel de la secte des ismaëliens.
Les **ismaëliens** sont les membres d'une secte fondée au VIIᵉ siècle au sein des chiites. Ils nient la mort d'Ismaël, septième imam qui doit reparaître un jour comme « Mahdi » et chasser les oppres-

Question 68

Quelle est la dignité attachée au titre d'Aga Khân :

A. c'est le chef spirituel de la secte des ismaëliens ?

B. c'est le dignitaire religieux le plus élevé chez les sunnites ?

C. c'est le plus haut dignitaire de la religion zoroastrienne ?

Mahomet

Question 69

Qu'est-ce qui différencie les chiites et les sunnites :

A. les sunnites sont les musulmans qui s'opposèrent à Ali, cousin de Mahomet et quatrième khalife dont les descendants ou partisans sont les chiites ?

B. les chiites ne croient pas à l'hérédité prophétique de Mahomet, ce que les sunnites admettent ?

C. le chiisme est en général plus strict que le sunnisme en ce qui concerne les différents mysticismes ?

Question 70

Une de ces affirmations concernant Mahomet n'est pas correcte. Laquelle :

A. Mahomet reçut la parole divine grâce à l'archange Gabriel ?

B. Mahomet appartenait à la tribu des koraïchites qui prétendaient descendre d'Abraham ?

C. Mahomet n'exerça que des fonctions religieuses ?

seurs des descendants d'Ali, cousin du prophète. Les ismaëliens interprètent le Coran de manière allégorique et non stricte.

Réponse 69

La réponse est A. Les **sunnites** s'opposèrent à Ali qui fut assassiné par les membres d'une secte, les **kharijites**, qui existe encore aujourd'hui.

Les sunnites s'opposent aux **chiites** dans la mesure où ils acceptent l'élection des trois premiers khalifes à ce titre alors qu'ils ne descendaient pas de Mahomet mais provenaient de son entourage dévoué ; les chiites croient, eux, en une hérédité prophétique ; ils considèrent ces trois premiers khalifes comme des usurpateurs.

Après l'assassinat du troisième khalife Osman et dans une atmosphère trouble, **Ali**, cousin de Mahomet, fut désigné comme **successeur du Prophète**. Le règne d'Ali fut la proie de la guerre civile et la division du monde musulman se fit plus grande entre ses partisans et ses détracteurs.

Les chiites, à l'inverse des sunnites, pensent que le monde ne peut rester sans imam (nom donné à Mahomet signifiant « modèle des fidèles »). En général, quoique l'époque actuelle ne

plaide pas en faveur de cette thèse, le chiisme est plus large d'idées. Il admet des sectes mystiques comme les **soufistes** ou les **derviches**, alors que les sunnites sont beaucoup plus orthodoxes et défendent l'opinion selon laquelle la Sunna (livre relatant le mode de vie du prophète) a une valeur égale au Coran (le livre saint de l'islam qui exprime la doctrine).

Réponse 70

La réponse est C. **Mahomet** (570 ?- 632) exerça des fonctions tant religieuses que militaires ou civiles. Il s'illustra comme militaire notamment dans la **bataille du Fossé** (627) en dirigeant les forces qui repoussèrent une alliance des tribus arabes, lesquelles voyaient en lui une menace pour leurs privilèges. Ses qualités d'organisateur se manifestèrent dans les réformes de l'administration.

Les **premières révélations** (610) furent faites à Mahomet par l'*archange Gabriel* mais il n'en comprit pas immédiatement la portée. Ce n'est qu'à partir de 613, date à laquelle les révélations reprirent après trois ans de silence, qu'il saisit la portée du message qu'il avait à transmettre et qui se résumait pour lui comme suit : un seul Dieu, un seul livre, une

Le Coran

Le mot Coran (de l'arabe al-Qur'an) signifie « lecture », terme qu'il faut entendre dans le sens d'une récitation à haute voix. Pour les musulmans, il s'agit du livre reprenant la parole d'Allah, révélée à Muhammad (« le loué »), dont la mission fut de le communiquer à sa communauté, puis à l'humanité. Le Coran comporte 114 chapitres appelés sourates, eux-mêmes subdivisés en versets. Le Coran traite de questions très variées : dogme, loi, morale, divers commandements, interdictions, bons conseils, avertissements, argumentations, témoignages, récits historiques, etc. Les spécialistes, dont Theodor Nöldeke, classent les sourates en plusieurs périodes. La première est composée de 34 sourates datant de la première période mekkoise (avant la première persécution des adeptes de Muhammad). Les thèmes en sont la fin inévitable de chacun d'entre nous dans ce monde terrestre, le jugement suprême, le châtiment des pêcheurs ou encore la toute-puissance d'Allah. Il s'agit là du cœur de la révélation faite à Muhammad. La deuxième période correspond aux sourates de la deuxième période mekkoise (après la persécution). Elles fustigent le polythéisme et affirment l'unicité d'Allah, en s'appuyant notamment sur les prophètes qui l'ont précédé, dont Jésus. Ce sont les sourates de la période médinoise qui définissent la structure et les comportements sociaux à adopter. Ce sont ces sourates qui composent ce que les musulmans appellent communément le dogme et la loi de l'islam.

Question 71

Quelle est l'origine du zen :

A. il s'agit d'un développement récent du bouddhisme ?

B. c'est l'aboutissement du shintoïsme, religion japonaise ?

C. le zen n'est pas une religion mais un système philosophique sans dieu ?

Question 72

Que signifie le terme « soufisme » :

A. c'est la cérémonie religieuse par laquelle un adolescent juif passe à l'état d'adulte ?

B. c'est un courant religieux issu de l'islam et qui s'opposa au rationalisme et au formalisme juridique de certains théologiens musulmans ?

C. c'est le récit de la transmission, par Dieu à Mahomet, des saintes paroles qui formèrent le Coran ?

seule loi, une seule langue, un seul peuple.

Il mourut en 632 à Médine des suites d'une courte maladie.

Réponse 71

La réponse est A. Le **zen** est une des formes les plus tardives du bouddhisme. Il a connu un certain attrait en Europe et aux USA mais c'est au Japon qu'il s'est réellement implanté. Le nom zen est d'ailleurs d'origine japonaise. Le zen est **l'école de la méditation**. Les grandes théories du zen sont la recherche de la sagesse et de la maîtrise de soi à travers la méditation, une vie dépouillée et des travaux parmi les plus simples.

Réponse 72

La réponse est B. Le **soufisme** est un courant religieux issu de l'islam et qui s'oppose au rationalisme et au formalisme juridique de certains docteurs. C'est la **religion du cœur** et on la retrouve tant chez les chiites que chez les sunnites. L'originalité de ce mouvement se situe dans son imagerie et dans sa poétique. Son aspect quelque peu ésotérique le rend suspect à certaines époques et le soufisme eut à compter quelques martyrs.

Réponse 73

La réponse est C. Compilation des écrits des grands rabbins. Il a été élaboré dans les écoles de Babylone et de Jérusalem pendant plus de cinq cents ans. C'est de là que proviennent les deux appellations désignant chacune des compilations. Le Talmud est la **conservation écrite de la « Loi orale »**, à l'opposé de la Torah qui est la « Loi écrite ».

La Torah est le nom donné au Pentateuque formé des cinq premiers livres de la Bible. Plus spécialement, c'est aussi le nom donné à la Loi mosaïque.

Réponse 74

La réponse est C. **Sebek** est le **dieu-crocodile**. C'est un des maîtres de l'univers et il donna la vie à l'Égypte. **Isis**, femme d'Osiris, est la déesse secourable qui aide les hommes par sa magie salvatrice. Quant à **Hathor**, elle est la déesse de l'amour et de la joie.

Réponse 75

La réponse est A. **Osiris** découpé en rondelles par son frère jaloux, **Seth**, est recollé par sa femme **Isis**, qui en fait la première momie et le premier dieu ressuscité de l'histoire. Il règne sur le monde des morts et obtiendra vengeance grâce à son fils **Horus**.

Question 73

Quel est le document religieux qui existe en deux versions et dont l'une s'intitule « de Jérusalem », et l'autre « de Babylone » :

A. la Bible ?

B. la Torah ?

C. le Talmud ?

Question 74

De ces 3 divinités égyptiennes, quelle est celle étant de sexe masculin :

A. Isis ?

B. Hathor ?

C. Sebek ?

Question 75

Qu'inaugura Osiris :

A. il fut le premier dieu ressuscité de l'histoire ?

B. il forme la première trilogie avec Amon et Horus ?

C. il est le premier dieu affublé d'une tête d'animal ?

Question 76

À quelle civilisation appartient
le dieu Quetzalcoatl, le « Serpent à plumes » :

- A. à la civilisation aztèque ?
- B. à la civilisation maya ?
- C. à la civilisation inca ?

Question 77

Pour quelle raison les Aztèques faisaient-ils
la guerre à leurs voisins :

- A. ils voulaient imposer leurs divinités ?
- B. ils avaient besoin de victimes pour les sacrifices humains faits à leurs dieux ?
- C. ils avaient une conception expansive de leur État ?

Question 78

Qu'est-ce que la Trimurti en Inde :

- A. le grand livre de la création du monde ?
- B. la triple forme du divin composé de Brahma, Vishnu et Siva ?
- C. le plus grand site théologique vénérant les trois dieux Brahma, Vishnu et Siva ?

Réponse 76

La réponse est A. Le dieu « Serpent à plumes » *Quetzalcoatl* est un **dieu aztèque**. C'est le dieu de la lumière et du soleil. Il est aussi le grand dieu civilisateur, l'inventeur du calendrier, dieu de la vie et de l'artisanat.

Il était **représenté barbu, à la peau blanche**. Disparu à l'Ouest, il devait revenir un jour de l'Est. C'est la raison pour laquelle Cortès, qui fut pris pour le dieu Quetzalcoatl, put conquérir le Mexique tant les Aztèques étaient pétrifiés par une terreur religieuse.

C'est aussi le nom donné au grand prêtre.

Réponse 77

La réponse est B. C'est principalement pour faire des **prisonniers destinés aux sacrifices** que les **Aztèques** se battirent contre leurs voisins. Ces épisodes guerriers s'appelaient la « **guerre des Fleurs** ». La civilisation aztèque se caractérise par la vision entropique du monde. Ceci signifie que, pour eux, le monde est continuellement victime d'une perte d'énergie. Celle-ci doit donc être compensée par des sacrifices.

Réponse 78

La réponse est B. La **Trimurti** est une synthèse théologique qui représente la triple forme du divin : **Brahma** incarne la création, **Vishnu** la conservation, et **Siva** la transformation et la destruction.

Réponse 79

La réponse est B. Le **shintoïsme** est une religion japonaise qui exprime les anciennes croyances en de nombreux dieux. Shinto vient du chinois et signifie « la voie des dieux ».

Le **taoïsme** a été créé au IIe siècle avant J.-C. par Lao-Tseu, qui n'est peut-être qu'un personnage de légende.

Le **bouddhisme** fait son apparition en Chine au VIe siècle après J.-C. Cette religion connaîtra son apogée en Chine entre les VIIe et IXe siècles.

Réponse 80

La réponse est A. La vie de **Confucius**, ou K'ong Tseu (551-479 av. J.-C.), nous révèle que ce sage chinois mit au point une doctrine philosophique qui, durant deux millénaires, servit à la Chine comme base de sa vision éthique et politique du monde.

Pour mieux comprendre cette philosophie, mieux vaut citer

Question 79

Parmi ces trois religions, quelle est celle qui n'est pas, ou très peu, pratiquée en Chine :

A. le taoïsme ?

B. le shintoïsme ?

C. le bouddhisme ?

Question 80

Qui était Confucius :

A. un sage chinois nommé K'ong Tseu qui fonda une école de sagesse ?

B. un sage de l'Empire romain d'Orient qui s'installa en Chine pour y fonder sa propre religion ?

C. c'est le nom latin d'un jésuite portugais qui fut le conseiller de l'empereur Wanli de la dynastie Ming ?

Confucius

Lun yu, les *Entretiens*

CHAPITRE II

II.3. Le Maître dit :

« Si le prince conduit le peuple au moyen des lois et le retient dans l'unité au moyen des châtiments, le peuple s'abstient de mal faire ; mais il ne connaît aucune honte. Si le prince dirige le peuple par la Vertu et fait régner l'union grâce aux rites, le peuple a honte de mal faire, et devient vertueux. »

II.4. Le Maître dit :

« À quinze ans, ma volonté était tendue vers l'étude ; à trente ans, je m'y perfectionnais ; à quarante ans, je n'éprouvais plus d'incertitudes ; à cinquante ans, je connaissais le décret céleste ; à soixante ans, je comprenais, sans avoir besoin d'y réfléchir, tout ce que mon oreille entendait ; à soixante-dix ans, en suivant les désirs de mon cœur, je ne transgressais aucune règle. »

directement quelques maximes des livres de Confucius : « Je transmets, je n'innove pas » (*Entretiens*, VII, 1) ; « Que le prince agisse en prince, le sujet en sujet, le père en père, le fils en fils » (*Entretiens*, XII, 11). Le confucianisme est une **philosophie matérialiste, sans dieu, sans survie après la mort**. La soumission aux cycles naturels, le respect de la morale patriarcale ainsi que la pratique d'une modération éloignée de tout excès forment les piliers principaux de cette philosophie.

Chapitre 3 :
Littérature

Réponse 81

La réponse est C. Le **roman picaresque** est le **roman de l'anti-héros**. Le *picaro* est un anti-héros qui, poussé par la faim, cherche à se faire une place dans la société. Il mène une existence marginale et utilise tous les moyens et fourberies pour subsister.

Plus particulièrement, le roman picaresque est, dans son acception restreinte, le roman d'origine espagnole qui illustre les péripéties et les aventures mouvementées des « picaros », personnages en général de condition simple, qui se frottent aux diverses classes de la société. Le roman picaresque se caractérise également par l'absence de sentiment élevé, en particulier l'amour.

Ce courant littéraire naît au XVIe siècle et s'épanouit au XVIIe siècle. On en trouve encore des traces au XVIIIe siècle.

Réponse 82

La réponse est B. Les crises d'éthylisme d'**Edgar Allan Poe** (1809-1849) marquèrent profondément la vie de l'auteur. Sa **dépendance à l'égard de la boisson** fut provoquée par les décès successifs d'êtres chers. La boisson entraîna progressivement sa perte tant au niveau professionnel qu'au niveau

Question 81

Qu'est-ce qui caractérise un roman picaresque :

A. l'histoire est racontée dans le dialecte picard ?

B. ce type de roman chante les exploits amoureux de la noblesse espagnole du XVIe siècle ?

C. c'est le roman de l'anti-héros ?

Question 82

De quelle maladie souffrait Edgar Allan Poe :

A. il était asthmatique ?

B. il était alcoolique et souffrait de crises d'éthylisme ?

C. il était épileptique ?

Question 83

Parmi ces trois thèmes, quel est celui que Charles Dickens n'a pas traité :

A. la révolte contre le capitalisme américain ?

B. l'enfance ?

C. lui-même ?

Question 84

Parmi ces trois affirmations concernant la vie d'Herman Melville, l'auteur de *Moby Dick,* laquelle est réelle :

A. alors qu'il n'a bénéficié d'aucune instruction scolaire, il est considéré comme un des plus grands écrivains nord-américains ?

B. après une période d'écriture prolifique, il s'est enfoncé dans un silence littéraire de trente-quatre ans rompu en deux occasions seulement ?

C. sans que l'on en connaisse les raisons, il s'est suicidé à l'apogée de sa gloire ?

de sa santé. Poe fut renvoyé de nombreux postes de journaliste ou de rédacteur en chef qu'il occupait.

Il sera atteint de folie après la mort de sa femme. Il écrira à ce propos « Je devins fou avec de longs intervalles d'horrible lucidité. Pendant ces accès d'inconscience absolue, je buvais. Dieu sait combien et souvent. Bien entendu, mes ennemis rapportèrent la folie à la boisson, plutôt que la boisson à la folie. » (Correspondance)

Réponse 83

La réponse est C. **Charles Dickens** (1812-1870) n'a jamais écrit d'**autobiographie** en tant que telle. Il avait bien un projet de cet ordre mais il l'abandonna au profit d'un de ses chefs-d'œuvre, *David Copperfield*, qui décrit de manière bouleversante la réalité de l'enfance au XIXe siècle. Ce roman n'était d'ailleurs que l'extériorisation des péripéties et drames que Ch. Dickens avait vécus durant son enfance.

La découverte d'une Amérique qu'il aurait voulue idéale mais qui s'offrit à son regard comme cruelle, cupide, esclavagiste et terriblement conformiste lui fit écrire ses *Contes de Noël,* d'où émerge un souffle puissant de **révolte sociale**.

Réponse 84

La réponse est B. **Herman Melville** (1819-1891) s'est emmuré dans un **silence littéraire de 34 ans**, à deux exceptions près : *Poésies de bataille* (1866) et *Clarel* (1876). Peu avant de mourir, il a toutefois complété un manuscrit déjà entamé, *Billy Budd, gabier de misaine*. L'œuvre de Herman Melville est peu connue en Europe à l'exception de *Moby Dick* (1851). Il est cependant l'**un des plus grands écrivains américains** du XIXe siècle et peut-être même au-delà. Son œuvre reste en bien des points obscure et hermétique à toute analyse. Néanmoins, la profondeur de sa réflexion n'entraîna l'adhésion ni de la critique ni du public. Ce n'est que plus tard qu'on lui reconnaîtra la place qu'il mérite dans la littérature américaine.

Réponse 85

La réponse est B. Seul *Sexus* (1949) fut condamné par les tribunaux français.
La fameuse trilogie d'**Henry Miller** (1891-1980) porte le titre général *La Crucifixion en rose*. Cette **trilogie** reste son plus ambitieux projet. Les idées véhiculées par ses romans, et surtout leur caractère jugé pornographique, lui valurent

Question 85

Parmi ces trois affirmations concernant la trilogie des romans d'*Henry Miller*, Sexus, Plexus, Nexus, laquelle est fausse :

A. cette trilogie porte le titre général de *La Crucifixion en rose* ?

B. les trois livres furent condamnés en France ?

C. les trois romans de l'auteur américain furent chacun édités en France avant de l'être aux Etats-Unis ?

Question 86

Parmi ces trois romans, lequel valut une gloire immédiate à Francis Scott Fitzgerald :

A. *Gatsby le Magnifique* ?

B. *Tendre est la nuit* ?

C. *De ce côté du paradis* ?

Question 87

Comment Faulkner trouva-t-il de l'argent pour vivre alors que ses premiers romans ne se vendaient pas :

A. il devint reporter pour le journal *Saturday Evening Post* ?

B. il écrivit des nouvelles pour le *Saturday Evening Post* ?

C. il devint rédacteur en chef pour un magazine local ?

Question 88

Quel roman d'Ernest Hemingway met en scène la guerre civile d'Espagne :

A. *Pour qui sonne le glas* ?

B. *L'Adieu aux armes* ?

C. *Le Soleil se lève aussi* ?

d'être mis à l'index. C'est pourquoi chacun de ses trois romans *Sexus* (1949), *Plexus* (1953) et *Nexus* (1960) fut d'abord publié en France avant de l'être aux États-Unis.

De nombreux romans ne furent publiés aux États-Unis qu'après 1960, alors que certains étaient écrits depuis plus de vingt ans. Leur publication rendit cependant leur auteur célèbre du jour au lendemain aux États-Unis.

Réponse 86

La réponse est C. Le premier roman de **F.S. Fitzgerald** (1896-1940), *De ce côté du paradis* (1920), fit immédiatement sensation et donna à son auteur une gloire retentissante. Il écrit *Gatsby le magnifique* (1925) à l'apogée de sa gloire. Hélas, ni *Gatsby le Magnifique* ni *Tendre est la nuit* (1934) ne furent des réussites, même si ce sont les deux plus grands romans de l'auteur. *Tendre est la nuit* fut même un échec complet qui plongea F.S. Fitzgerald dans la maladie et l'alcoolisme.

Tout comme William Faulkner, F.S. Fitzgerald fut un temps **scénariste à Hollywood**, mais comme son illustre confrère, il ne se révéla pas très bon ; et pour cause, les considérations alimentaires étaient la principale raison de ce choix.

Réponse 87

La réponse est B. **Faulkner** (1897-1962) **écrivit des nouvelles** pour de grands magazines américains, notamment pour le *Saturday Evening Post*. Il rédigea ainsi, entre 1930 et 1932, quarante-deux nouvelles, dont une trentaine furent publiées.

On considère généralement que la période des années trente est celle où il écrira le mieux, mais ce n'est qu'en 1949 qu'il obtiendra le **prix Nobel**. Ce prix aura une influence considérable sur sa vie. Se dispersant à travers conférences, voyages, maîtresses, etc., il n'aura plus une plume aussi prolifique. Son dernier roman, *Les Larrons,* fut publié un mois avant sa mort.

Henry Miller

Réponse 88

La réponse est A. *Pour qui sonne le glas* est le roman d'**Ernest Hemingway** (1899-1961) ayant pour décor la guerre civile d'Espagne. Roman au souffle puissant, il fut porté à l'écran en 1943 par Sam Wood. La magnifique Ingrid Bergman et le non moins légendaire Gary Cooper interprétèrent de manière remarquable les deux rôles principaux. Il s'agit sans doute du **roman le plus connu** d'Ernest Hemingway.

Question 89

Quelle fut la réalisation littéraire
la plus importante d'Anaïs Nin :

A. sa préface de la première édition de la trilogie de H. Miller, *La Crucifixion en rose*, composée de *Sexus*, *Plexus* et *Nexus* ?

B. son journal personnel ?

C. son unique roman : *Les Cités intérieures* ?

Question 90

De quoi Isaac Asimov est-il l'inventeur
dans le genre de la science-fiction :

A. des trois lois de la robotique ?

B. du terme « robot » ?

C. des cycles de livres qui forment une seule œuvre ?

Certains critiques considèrent que ses premiers livres forment le meilleur de son œuvre. On peut ranger dans cette période ses premières nouvelles telles que *Camp indien* et *Grande rivière au cœur double*, ainsi que ses premiers romans *L'Adieu aux armes* et *le Soleil se lève aussi*. On lui reproche cependant de s'être répété par la suite et même d'être pénible dans certaines de ses répétitions.

Pour notre part, nous n'adhérons guère à une pareille vision des choses. *Pour qui sonne le glas*, et son dernier roman *Le vieil homme et la mer* pour lequel il obtint le **prix Pulitzer**, sont des romans majeurs dans l'œuvre d'Hemingway. La consécration suivra d'ailleurs puisqu'il reçut le **prix Nobel** en 1954.

Réponse 89

La réponse est B. L'œuvre d'**Anaïs Nin** (1903-1977) ne se caractérise pas par un nombre élevé de romans mais bien par son **journal personnel**, riche de quelque quinze mille pages qui décrivent la lente recherche intérieure d'un moi mythique chez la jeune femme. La majeure partie du journal ne fut pas publiée. Entre autres, l'**idylle avec *Henry Miller*** fut cachée jusqu'à la mort du

mari d'Anaïs Nin. Le récit de sa liaison avec H. Miller parut récemment en français sous le titre *Cahiers secrets* (1986) qui inspira le film porté à l'écran sous le titre *Henry and June* (1990).

Elle écrivit la préface de la première édition de *Tropique du cancer* de H. Miller et plusieurs romans, dont *Les cités intérieures*.

Réponse 90

La réponse est A. C'est en 1941 que les réflexions éthiques d'**Isaac Asimov** (1920-), au demeurant un scientifique doté d'une plume féconde (200 ouvrages), aboutissent à l'énoncé de **trois lois de la robotique** qui sont devenues depuis l'un des postulats de base de la science-fiction en matière de robotique.

La première loi s'énonce comme suit : « Un robot ne peut porter atteinte à un être humain ni, restant passif, laisser cet être humain exposé au danger » ; la deuxième loi : « Un robot doit obéir aux ordres donnés par les êtres humains, sauf si de tels ordres sont en contradiction avec la première loi » ; et, enfin, la troisième : « Un robot doit protéger son existence dans la mesure où cette protection n'est pas en contradiction avec la première ou la deuxième loi. »

Ernest Hemingway

Question 91

Quel événement valut une grande renommée à l'écrivain William Styron :

A. le prix Nobel de littérature de 1965 ?
B. sa candidature à un poste de sénateur ?
C. un de ses livres les plus célèbres, porté à l'écran ?

Question 92

Quel fait inspira à Goethe son poème le plus illustre : Faust, une tragédie :

A. Goethe s'inspira de la légende de Faust à la suite de la rencontre de la jeune et belle Milanaise Maddalena Riggi ?
B. dès son jeune âge, Goethe était fasciné par la légende du véritable Faust, légende qui traversa les âges grâce au poète anglais Christopher Marlowe ?
C. il créa le personnage de Faust en collaboration avec le poète Schiller ?

Bien souvent, Asimov marie de manière heureuse le roman policier avec l'aventure de science-fiction.

Réponse 91

La réponse est C. Le livre de **William Styron** (1925-), *Le choix de Sophie* (1979), fut porté à l'écran par A.J. Pakula en 1982. Le rôle de l'héroïne était interprété par Meryl Streep.

Malgré ses **rares romans** (*La Proie des flammes*, *Les Confessions de Nat Turner*), il s'impose comme un des romanciers majeurs aux États-Unis. W. Styron n'a pas reçu le prix Nobel.

Réponse 92

La réponse est B. C'est grâce au poète anglais **Christopher Marlowe** que l'histoire du véritable docteur Faust a pu atteindre les auteurs allemands. Ce drame en vers et en prose, sans division en actes et connu sous le nom de *La Tragique Histoire du docteur Faust*, a été composé en 1588, près d'un siècle après la naissance probable du véritable Faust.

Très tôt fasciné par le personnage de Faust qui veut, comme lui, percer les secrets de la nature, **Goethe** (1749-1832) écrira son *Faust* pendant près de soixante

ans. La première version est déjà écrite avant 1775 alors qu'il étudie encore le droit. Douze ans plus tard, il en reprend la composition mais ce n'est que vingt ans plus tard, en 1808, que *Faust, une tragédie* sera publié.

Schiller, s'il n'est pas responsable de l'idée, aura par contre une grande influence sur la fin du travail de Goethe. C'est grâce à lui que Goethe poursuivra son travail et terminera son chef-d'œuvre.

Réponse 93

La réponse est B. **Friedrich Nietzsche** (1844-1900) avait pris l'habitude de déclamer ses phrases tout en frappant la cloison pour en souligner le rythme.

À cette époque (1886), il vivait chichement et n'était guère connu. Ce qui l'amena d'ailleurs à publier à ses frais un essai intitulé *Par-delà le bien et le mal*.

On retiendra de son œuvre de réels **chefs-d'œuvre** comme *Le Gai Savoir*, *Ainsi parlait Zarathoustra* ou *Ecce homo*, son dernier manuscrit.

Sa sœur contribuera à faire connaître son œuvre, mais aussi à la faire récupérer par l'**idéologie nazie** qui eut beau jeu de travestir l'idée de surhomme qu'annonçait **Zarathoustra**.

Question 93

Ayant atteint la quarantaine, de quelle manière originale Nietzsche travaillait-il ses phrases :

A. il les chantait pour en vérifier l'harmonie ?

B. il les déclamait et frappait les cloisons pour en souligner le rythme ?

C. il les écrivait dans les deux sens ?

Friedrich Nietzsche

Question 94

Quelle œuvre de Thomas Mann est empreinte de propos nationaux et bellicistes :

A. *Les Pensées de guerre*, écrites en 1914, qui expriment un égarement nationaliste et belliciste inexplicable ?

B. son essai *Frédéric et la grande coalition* (1915) lequel était un chef-d'œuvre d'absurdités complètement antidémocratique ?

C. la suite des tomes composant *Joseph et ses frères,* laquelle marque son soutien inconditionnel à Hitler et le rejet de la démocratie ?

Question 95

Quelle femme a profondément marqué la vie et l'œuvre de Rainer Maria Rilke :

A. Lou Andréas-Salomé ?

B. Héléna Rubinstein ?

C. Alma Mahler ?

Réponse 94

La réponse est A. ***Thomas Mann***, surpris par la déclaration de la guerre en 1914, **soutint** à fond l'**effort de guerre allemand** en étalant des opinions nationalistes et bellicistes dans *Les Pensées de guerre*.

Par la suite, il semble qu'il se réveilla lentement de ses errements et il en vint à soutenir progressivement la démocratie. Il s'opposa à Hitler dans la genèse de *Joseph et ses frères* (1933-34-36-43).

Ces opinions sont le fruit d'un véritable apprentissage politique. En effet, avant d'en arriver à écrire la genèse, *Les Considérations d'un homme étranger à la politique*, écrites entre 1915 et 1918, nous montrèrent un Thomas Mann engagé contre le processus démocratique. Il se détacha progressivement de ces opinions réactionnaires au fur et à mesure de sa prise de conscience politique.

Réponse 95

La réponse est A. ***R. M. Rilke*** (1875-1926) fut fortement influencé par ***Lou Andréas-Salomé***. Il ne fut cependant pas le seul. Elle sera en effet également l'égérie de ***Nietzsche***, lequel la demanda en

mariage, avant de devenir élève de **Freud**.

De manière générale, R. M. Rilke est considéré comme l'un des plus grands **poètes de langue allemande** du XXe siècle. En outre, son œuvre comporte une correspondance volumineuse (10 volumes), dont on publia notamment *Lettres à un jeune poète* et *Lettres à une amie vénitienne*.

Réponse 96

La réponse est B. **Stefan Zweig** (1881-1942) était traducteur avant de devenir écrivain. Il rendit magnifiquement la poésie lyrique de Verhaeren avant de traduire Baudelaire, Verlaine ou encore Rimbaud.

Il sera rapidement connu comme l'un des plus grands **nouvellistes de langue allemande**. On retiendra particulièrement des nouvelles comme *Amok* ou *24 heures de la vie d'une femme*, et des romans tels que *La Pitié dangereuse*, *La Confusion des sentiments* ou *Brûlant Secret*.

Après la Première Guerre mondiale, S. Zweig, **grand humaniste** sans frontière, blessé par la stupidité humaine, sombra progressivement dans le défaitisme. Son pessimisme s'aggrava devant ce qu'il considérait être la progressive décadence de l'Europe. Il vit sa

Question 96

Quelle activité exerça Stefan Zweig avant de devenir écrivain :

A. il était acteur de théâtre ?

B. il était traducteur ?

C. il était psychanalyste ?

Stefan Zweig

Question 97

Quelle conséquence aura la publication du roman *À l'Ouest, rien de nouveau* (1929) d'Erich Maria Remarque :

A. le succès du livre fut tel que E.M. Remarque n'écrivit plus avant 1946 (*Arc de triomphe*), se consacrant à son art préféré, la reliure ?

B. la publication du livre passa inaperçue et E.M. Remarque continua son métier de rédacteur sportif. Ce n'est qu'après la Seconde Guerre mondiale que le public découvrit ce livre ?

C. en 1933, ses écrits, et plus particulièrement ce roman, lui valurent d'être déchu de la nationalité allemande ?

Question 98

Quelle autre activité exerça Pablo Neruda en plus de celle d'écrivain :

A. il était politicien ?

B. il tenait une plantation à Java ?

C. il était directeur de la Bibliothèque nationale de Santiago ?

patrie spirituelle s'enfoncer dans les ténèbres du nazisme au début de la Seconde Guerre mondiale. Il ne put supporter cette déchéance morale et humaine et, convaincu que le mal avait définitivement triomphé du bien, il se suicida avec sa femme. Ils vivaient alors à Rio de Janeiro.

Réponse 97

La réponse est C. En 1933, les livres d'**Erich Maria Remarque** (1898-1970) furent brûlés par les nazis et l'auteur fut déchu de la nationalité allemande. C'est son livre *À l'Ouest, rien de nouveau* (1928), œuvre profondément antimilitariste, qui est à la base de cette condamnation. Le **succès phénoménal** du livre (3,5 millions d'exemplaires vendus en l'espace de 18 mois) ne pouvait que déplaire aux autorités nazies qui, à leur avènement, vilipendèrent son auteur et le mirent à l'index. Cette volonté de destruction se trouva encore renforcée par la publication, trois ans après ce premier succès, d'un nouveau livre *Le Chemin du retour* (1931) qui relatait les débuts troublés de la république de Weimar.

Avant de connaître le succès, E. M. Remarque exerça de nombreuses professions : instituteur, comptable, démarcheur, journa-

liste ou encore rédacteur pour un journal sportif.

Réponse 98

La réponse est A. *Pablo Neruda* (1904-1973), poète chilien, fut successivement diplomate puis sénateur.

À l'instar d'autres écrivains sud-américains ou latino-américains, la **politique** aura une grande **importance** dans la vie de Pablo Neruda. De tendance socialiste, il bénéficia de la popularité dont il jouissait en tant que poète.

Son **œuvre poétique** est considérable et il y fit preuve de la même vitalité que celle déployée dans ses autres activités. Il reçut le **prix Nobel** en 1971.

Réponse 99

La réponse est B. *George Gordon Byron* (1788-1824) prit un malin plaisir à propager autour de lui une **image de dandy ténébreux** à la limite de la perversion. Alors qu'il était adulé, il fit courir sur sa propre personne les bruits les plus sombres, y compris une histoire incestueuse avec sa demi-sœur *Augusta Leigh*, laquelle était réellement amoureuse de lui. Pour beaucoup, cet inceste fut au demeurant bien réel.

Persuadé d'être victime d'un destin tragique, il se conforma à cette

Question 99

Les écrits de Byron sont très liés à son propre personnage. Quelle image donna-t-il de lui, notamment à travers ses héros :

A. celle du dandy apprécié de tous pour son intelligence, sa moralité et ses manières, et qui fit la fierté de l'Angleterre victorienne ?

B. celle d'un personnage ténébreux perverti par ses propres émotions ?

C. celle du brillant progressiste qui choquait la gent conservatrice ?

George Gordon Byron

Question 100

On doit à Lewis Carroll le merveilleux roman imaginaire qu'est *Alice au pays des merveilles* mais aussi des productions plus « sérieuses ». De quel type :

A. des traités sur les mathématiques ?

B. une série d'ouvrages philosophiques ?

C. trois célèbres traités d'astrophysique ?

Question 101

Pour quelle raison Oscar Wilde écrivit-il sa pièce de théâtre *Salomé* :

A. il se vengeait d'un lord anglais qui avait ironisé à son propos et dont les traits de caractère furent caricaturés dans la pièce ?

B. il écrivit sa pièce pour Sarah Bernhardt ?

C. il transcrivit une malheureuse expérience personnelle avec lady Windermere ?

image. C'est ainsi que ce soupçon d'inceste et ses nombreuses amours le mirent au banc de la société bourgeoise anglaise.

Son œuvre (*Pèlerinage de Childe Harold*, 1812 ; *Don Juan, satire épique*, 1819) est le reflet du personnage, anticonformiste, errant. Ses prises de position font de lui l'un des auteurs anglais dont le regard est le plus lucide sur la société anglaise de ce début du XIXᵉ siècle.

Réponse 100

La réponse est A. **Lewis Carroll** (1832-1898) partagea sa vie entre **les mathématiques et la littérature imaginaire**. Il fut pendant près de trente ans professeur de mathématiques à l'université d'Oxford. Ses ouvrages scientifiques traitent des déterminants et de la logique symbolique. Il maintint le cloisonnement entre ses deux activités en utilisant le **pseudonyme** de Lewis Carroll, sous lequel se cachait le **mathématicien Charles L. Dodgson**.

Réponse 101

La réponse est B. **O. Wilde** (1854-1900) écrivit son drame *Salomé* en français spécialement pour **Sarah Bernhardt**. Ce drame en un acte

conte comment Salomé, amoureuse du prophète Iokanaan, lequel la repoussa, profita de la jalousie d'Hérodote à l'égard dudit prophète pour le faire décapiter. Le comble de l'ignominie est atteint lorsque Salomé s'empare de la tête que lui présente le bourreau et baise les lèvres glacées.

La pièce fut interdite en Angleterre pour des motifs religieux, alors qu'elle faisait un triomphe en France.

On compare **Oscar Wilde** à **Byron**, qui conquit sa réputation par sa **personnalité légendaire** et non par la valeur de ses écrits. Wilde était un brillant causeur mais s'était fait quelques solides inimitiés en raison de son comportement et de ses **fréquentations mal famées** (il était notoirement homosexuel). Pour ces raisons, il purgea une peine de **deux ans de prison** pendant lesquels il médita sur Verlaine. À sa sortie de prison, sa réputation ruinée, ce fut au tour de ses finances de succomber sous les coups des créanciers. Il **s'enfonca** alors **dans le sordide** et périt peu après d'une méningite.

Réponse 102

La réponse est C. **H. G. Wells** (1866-1946) fit un tabac dès la sortie de son premier livre, *La Machine à explorer le temps* (1895). C'est, dès

Question 102

Comment démarra la carrière d'écrivain de H. G. Wells :

A. son premier livre passa complètement inaperçu. Son œuvre ne fut reconnue qu'après sa mort ?

B. en tant qu'élève de T.S. Huxley, il rédigea un essai sur son maître. Cet essai connut un succès auprès des universitaires mais ne rencontra aucun écho auprès du public ?

C. son premier livre fut un succès immédiat et lui fit découvrir sa voie en littérature ?

H. G. Wells

Question 103

Que fit T.E. Lawrence, plus connu sous le nom de Lawrence d'Arabie, après avoir publié une version abrégée des *Sept Piliers de la sagesse*, sous le nom de *Révolte dans le désert* :

A. il céda ses droits d'auteur à la révolution arabe ?

B. il renonça à son grade de colonel, dégoûté par la politique et les promesses non tenues ?

C. il renonça à ses droits d'auteur pour ne pas être accusé de s'être enrichi grâce à ses actions guerrières en Arabie ?

Question 104

Qui servit de modèle au célèbre Hercule Poirot, le détective belge des romans d'Agatha Christie :

A. le père de l'auteur ?

B. le valet de Winston Churchill ?

C. un réfugié de la guerre 1914-1918 qu'elle connut ?

lors, dans le fantastique scientifique que H.G. Wells allait s'imposer. Ses livres reflètent ses opinions de **réformateur convaincu** et de **partisan du progrès technique**. On lui doit de nombreux écrits politiques engagés comme *Socialism and the Family* (1906) ou *The Common Sense or World Peace* (1929). Mais c'est au genre de la science-fiction, dont il partage la paternité avec Jules Verne, que son nom est plus particulièrement attaché. On retiendra entre autres *The First Men in the Moon* (*Les Premiers Hommes dans la Lune* (1901)) ou *The Invisible Man* (1897).

Réponse 103

La réponse est C. *T.E. Lawrence* (1888-1935) n'avait sûrement pas l'âme en paix après avoir publié *Les Sept Piliers de la sagesse*. Il renonça à ses droits d'auteur pour ne pas être accusé de s'enrichir au détriment de la cause arabe. Plus encore, il **rechercha l'anonymat** comme un forcené dans sa crainte et son horreur de passer pour un traître aux yeux de ses amis arabes.

Cet homme restera sans doute une *légende* mais était-il un grand écrivain ? Son œuvre principale, *Les Sept Piliers de la sagesse*, forme un ensemble à la fois clair

et empli de mystères, qui pourrait le faire comparer à *Moby Dick* de Melville.

Winston Churchill aurait qualifié T.E. Lawrence en ces termes : « Un de ces êtres qui marchent dans la vie plus vite et plus intensément que les êtres normaux. »

Réponse 104

La réponse est C. **Agatha Christie** (1891-1976), de son vrai nom **Agatha Miller**, créa son personnage d'**Hercule Poirot** en reprenant les traits d'un **réfugié de la guerre 1914-1918**. Son personnage devint de plus en plus célèbre mais on ne peut dire si c'est par jalousie qu'elle le fit tuer dans un de ses romans. Outre sa nombreuse production de romans policiers, elle a écrit deux romans à l'eau de rose sous le pseudonyme de Mary Westmacott.

Réponse 105

La réponse est B. **George Orwell** (1903-1950) prit part à la guerre civile espagnole sous la bannière du **P.O.U.M.**, une milice anarchiste qui combattait du côté républicain. Il vit avec horreur les communistes essayer de prendre le contrôle de toutes les forces républicaines par les moyens les plus violents. Cette **amère expérience**

Question 105

Quel événement ébranla les convictions politiques de l'homme de gauche qu'était George Orwell et l'amena à écrire les deux romans *Animal Farm* et, surtout, *1984* :

A. l'arrivée au pouvoir de Staline en Union soviétique ?

B. la prise de contrôle progressive et souvent brutale des forces républicaines par les communistes lors de la guerre civile espagnole ?

C. la défaite de l'Internationale socialiste en Espagne due à la passivité des gouvernements socialistes de l'époque, du gouvernement français surtout ?

George Orwell

Question 106

Pour quelle raison John Le Carré peut-il décrire les milieux de l'espionnage avec autant de vraisemblance :

A. il fut trafiquant d'armes avant de se mettre à l'écriture ?

B. il travailla au Foreign Office et notamment à Bonn comme deuxième secrétaire d'ambassade ?

C. il travailla durant cinq ans à la Central Intelligence Agency (C.I.A.) comme expert en questions soviétiques ?

Question 107

Quelle particularité marquait le talent de Pouchkine :

A. il possédait la faculté d'écrire directement des œuvres d'une perfection formelle presque totale ?

B. il ne pouvait écrire que dans les cafés ?

C. il écrivait d'abord ses récits en prose avant de les écrire en vers ?

débouchera sur *Animal Farm* (1945), où George Orwell prêtera à un cochon « leader communiste » cette pensée éloquente : « All animals are equal, but some animals are more equal than others (1925) » que l'on peut traduire comme suit : « Tous les animaux sont égaux, mais certains animaux sont plus égaux que d'autres. »

Dans un genre encore plus désespéré, il écrira *1984*, qui marque **l'apothéose des systèmes absolutistes**.

Réponse 106

La réponse est B. *John Le Carré* (1932-), après ses études à Oxford, fut admis au concours d'entrée au **Foreign Office** (Affaires étrangères). Il fut rapidement muté à Bonn en tant que deuxième secrétaire d'ambassade. C'est là qu'il acquit sa connaissance du milieu de l'espionnage.

Ces qualités intrinsèques et sa profonde connaissance de la **psychologie humaine** font de ses romans d'espionnage de réelles études psychologiques souvent influencées par une vision pessimiste de la nature humaine.

Réponse 107

La réponse est A. *Pouchkine* (1799-1837) est sans aucun doute le

talent le plus pur et le plus préco-ce que la Russie compta en matiè-re littéraire. Très jeune, il possé-dait déjà cet art incomparable d'écrire de manière parfaite, sans retouche ni redite.

Il mena une vie tumultueuse qui lui coûta **quelques exils forcés** vers la campagne russe mais même ces amères expériences eurent un effet bénéfique sur l'écrivain. C'est d'ailleurs en exil qu'il écrivit deux de ses meilleures œuvres : *Eugène Onéguine* (1823-1830) et *Boris Godounov* (1824-1825).

Ami du tsar Nicolas Ier, il fut adulé et reconnu comme le **meilleur poète russe** par l'ensemble de la population.

Réponse 108

La réponse est C. **Nikolaï Gogol** (1809-1852) est sans doute l'écri-vain russe qui fut le plus perturbé par des **crises de doute**. Alors que la valeur de son œuvre *Revizor* ne fut guère contestée, certaines cri-tiques émanant de milieux réac-tionnaires le plongèrent malgré tout dans un abîme de doutes. Sa réaction fut une **fuite** vers l'Allemagne d'abord et l'Italie ensuite.

Il écrivit également *Le Nez*, comé-die qui illustre le côté absurde de Gogol ainsi que son attrait pour

Question 108

Pourquoi Gogol séjourna-t-il à Rome :

A. il fut expulsé de Russie après avoir été mêlé à une tentative de coup d'État ?

B. il quitta la Russie, considérant que la seule vraie création ne pouvait avoir lieu qu'à Rome ?

C. il se rendit à Rome, à la suite de la crise inté-rieure que provoqua la création de *Revizor*, une de ses pièces de théâtre ?

A. Pouchkine

Question 109

Quel événement marqua la vie et l'œuvre de Dostoïevski :

A. il fut contraint de s'exiler après avoir été soupçonné d'avoir participé à un complot contre le Tsar ?

B. condamné à mort pour complot, il fut grâcié alors qu'il était déjà face au peloton d'exécution ?

C. il se crut longtemps responsable de la mort de sa mère ?

Question 110

Qu'est-ce qui caractérise la vie et l'œuvre de Boris L. Pasternak :

A. *Le Docteur Jivago* est le seul roman du poète ?

B. après avoir loué le communisme dans ses poèmes comme étant l'ultime espoir de l'humanité, il écrit *Le Docteur Jivago* qui est un livre farouchement antirévolutionnaire ?

C. il refuse le prix Nobel en raison des pressions exercées par les autorités soviétiques ?

les choses sombres et préoccupantes.

On peut dire que *Les Âmes mortes*, son roman le plus célèbre, reflète bien la personnalité de cet écrivain, qui ne cessa de **douter de son immense talent**. Seul Pouchkine, qui était l'idole de Gogol et lui donna son sujet pour *Les Âmes mortes*, l'aurait jugé en ce temps à sa juste valeur.

Réponse 109

La réponse est B.

Fiodor Dostoïevski (1821-1881) fut effectivement condamné à mort, **soupçonné de complot** contre le tsar Nicolas Ier. Alors qu'il était déjà attaché au poteau d'exécution, on lui annonça qu'il était grâcié. À la suite de cet événement, il purgea une peine de quatre ans dans un bagne sibérien. Cette succession de coups du sort eurent pour effet de le rendre encore plus sensible à la détresse humaine.

Toutefois, il ne put se départir d'un sentiment proche de la **haine à l'égard de son père**, souhaitant même sa mort. Lorsqu'il apprit l'assassinat de ce dernier par un groupe de paysans, il eut l'impression que ses souhaits avaient été exaucés et se crut responsable de sa mort.

Après une gloire éphémère, Dostoïevski ne rencontra plus le succès auprès du public ; il dut attendre son retour à Saint-Petersbourg, en 1870, pour retrouver les faveurs de ce dernier. La fin de sa vie se déroula comme un rêve. Son livre *Les Frères Karamazov* le porta au sommet de la gloire et il devint **le plus grand écrivain après Pouchkine**, devançant **Tolstoï** et **Tourgueniev** auprès du public.

Réponse 110

La réponse est C. C'est effectivement après la publication du *Docteur Jivago* que le **prix Nobel** est attribué à **Pasternak** (1890-1960). Il fut forcé d'y renoncer suite à une hostilité peu compréhensible de la part des autorités soviétiques, si ce n'est en raison de la demande d'aide et de protection faite par Boris Pasternak aux pays occidentaux. En effet, le livre en lui-même ne se présente pas comme un livre antirévolutionnaire. Simplement, il relate des faits sans coloration pro-communiste. Un an plus tard, Pasternak s'éteignait.

Réponse 111

La réponse est A. **Vladimir Nabokov** (1899-1977) est sûrement un des rares auteurs à avoir **écrit**

Question 111

Quelle particularité présente l'œuvre de Nabokov :

A. elle a connu un succès égal dans les deux langues dans lesquelles il l'a écrite ?

B. elle n'a jamais été publiée en Union soviétique ?

C. elle est écrite uniquement en vers ?

Vladimir Nabokov

Question 112

Une de ces affirmations concernant
Yasunari Kawabata est fausse, laquelle :

A. il a refusé son prix Nobel en 1968 ?

B. il est le seul prix Nobel japonais en littérature ?

C. il a inauguré un nouveau genre littéraire : « le roman miniature » ?

Question 113

Quelles étaient les tendances politiques
de Yukio Mishima :

A. il a écrit de nombreux pamphlets contre l'empereur Hiro Hito ?

B. il a été à la tête de mouvements pacifiques antinucléaires ?

C. il avait des opinions ultranationalistes ?

L. Pirandello

en deux langues, l'anglais et le russe, avec un succès et un talent égal. Il sera d'ailleurs consacré grand écrivain américain après la publication de *Lolita*. On lui doit aussi de remarquables traductions en anglais de Pouchkine et en russe de Shakespeare, Lewis Carroll, Goethe et autres.

Outre le russe et l'anglais, Nabokov parlait également couramment le français et l'allemand. L'universalité de son intelligence se marque aussi par un intérêt considérable pour les échecs, pour la peinture et même pour... les papillons.

Réponse 112

La réponse est A. **Yasunari Kawabata** (1899-1972) a accepté son **prix Nobel** en 1968 avec les paroles suivantes : « Il est facile d'entrer dans le monde des bouddhas, il est difficile d'entrer dans le monde des démons... Tout artiste aspirant au vrai, au bien et au beau comme objet ultime de sa quête, est fatalement hanté par le désir de forcer cet accès difficile du monde des démons, et cette pensée, apparente ou secrète, hésite entre la peur et la prière. »

Seuls **Boris Pasternak** (1958) et **Jean-Paul Sartre** (1964) ont refusé leur prix Nobel.

Yasunari Kawabata, est bien le seul prix Nobel japonais en littérature et a effectivement inauguré

le genre littéraire du « **roman miniature** » qu'il définit lui-même comme des « récits qui tiennent dans la main ». Un tel roman est écrit en quelques dizaines de lignes, voire en quelques pages. *Tristesse et beauté* ou *Les Belles endormies* sont deux de ces plus beaux romans.

Réponse 113

La réponse est C. **Yukio Mishima** (1925-1970) était très connu pour ses **opinions radicales et ultranationalistes**. Il militait activement pour le respect des traditions de l'ancien Japon et créa un groupe d'extrême droite, la « société des boucliers ».

Il **s'est donné la mort**, au cours d'un **seppuku**, cérémonie traditionnelle qui se termine par le hara-kiri, au terme d'une tentative de coup d'état manqué.

On retiendra de son œuvre des romans marquants tels que *Le Pavillon d'or* (1956) ou *La mer de la Fertilité* (1970). Il voit dans l'écriture et la création esthétique un moyen d'échapper à la fascination du néant.

Réponse 114

La réponse est A. *La Divine Comédie* de **Dante** (1265-1321) se compose de trois parties : l'Enfer, le Purgatoire, le Paradis. Chaque partie est composée de 33 chants

Question 114

Quelles sont les titres des trois parties de *La Divine Comédie* de Dante :

A. l'Enfer, le Purgatoire, le Paradis ?

B. la Gloire, l'Infortune, la Justice ?

C. la Politique, la Trahison, l'Exil ?

La Divine Comédie

Écrite par Dante Alighieri durant son exil entre 1304 et 1321, la *Commedia*, comme l'avait nommée son auteur, est composée de 14233 vers répartis en tercets (tierce rime), regroupés en 100 chants répartis eux-mêmes en trois parties : l'*Enfer*, le *Purgatoire* et le *Paradis*. Ce n'est qu'au XVIe siècle qu'un éditeur de Venise, Ludovico Dolce, décide de l'appeler *Divina Commedia*. L'une des particularités de cette œuvre est d'avoir suscité un engouement sans précédent, non seulement parmi les gens du peuple, mais aussi parmi la noblesse italienne. Au XVe siècle, tous les artistes florentins vouaient un véritable culte à Dante. Certains devenant des monomaniaques de l'œuvre, à l'instar de Botticelli, qui mit 10 ans pour illustrer un à un les 100 chants du poème. La raison de cette passion vient probablement du caractère initiatique de l'œuvre, qui n'est autre que le récit d'un voyage effectué par Dante lui-même dans l'au-delà. Dante rongé par le poids du péché est sauvé de l'*Enfer* par Virgile (le poète romain), guidé hors du *Purgatoire* par Béatrice (la bienheureuse) avant d'accéder au *Paradis*. Une véritable allégorie illustrant les embûches dont il faut triompher pour s'affranchir du péché et des passions.

Question 115

Quel usage particulier fit-on dans les années 80 d'une partie de l'œuvre de Pirandello :

A. certaines de ses nouvelles furent portées à l'écran ?

B. un groupe japonais a acheté les droits de certains de ses livres pour en faire des dessins animés ?

C. ses personnages feront bientôt partie intégrante d'un grand parc d'attractions aux États-Unis ?

Lettre de Pirandello à Benjamin Crémieux, 1928

« Vous désirez quelques notes biographiques sur moi, et je me trouve extrêmement embarrassé pour vous les fournir et cela, mon cher ami, pour la simple raison que j'ai oublié de vivre, oublié au point de ne pouvoir rien dire, mais exactement rien sur ma vie, si ce n'est peut-être que je ne la vis pas, mais que je l'écris. De sorte que si vous voulez quelque chose de moi, je pourrais vous répondre : *Attendez un peu, que je pose la question à mes personnages. Peut-être seront-ils en mesure de me donner à moi-même quelques informations à mon sujet.* Mais il n'y a pas grand-chose à attendre d'eux ; ce sont presque tous des gens insociables qui n'ont eu que peu ou point à se louer de la vie. »

---

et d'un nombre à peu près égal de vers. *La Divine Comédie* est sans doute le témoignage le plus véridique de ce que fut l'**humanisme chrétien au XIIIe siècle**. On ne connaît pas la date exacte de la publication mais on sait avec certitude que Dante composait la troisième partie en 1317.

Dante lui-même fut un **homme politique** qui prit le parti des **Blancs** dans le conflit qui opposait les **Noirs** aux Blancs (deux factions des **Guelfes**, partisans de la papauté et ennemis des **Gibelins**, eux-mêmes partisans de l'empereur dans l'Italie médiévale des XIIe et XIIIe siècles) pour le pouvoir à Florence. Les Guelfes noirs gagnèrent et Dante fut contraint à l'exil jusqu'à la fin de sa vie.

Réponse 115

La réponse est A. Ce sont les **frères Taviani** qui portèrent à l'écran les nouvelles de *L. Pirandello*. Le film *Kaos* (1984) qui en a résulté est un joyau de l'art cinématographique de la décennie.

Luigi Pirandello (1867-1936) reste un des plus **grands nouvellistes** du monde littéraire. Son œuvre de quinze volumes composés de nouvelles restitue la tendresse profonde de l'auteur à l'égard de l'homme. Il s'illustra également au théâtre en utilisant parfois des

histoires inspirées de ses propres nouvelles.

On retiendra de son œuvre *Chacun sa vérité* (1916) et *Six Personnages en quête d'auteur* (1921).

L. Pirandello reçut le **prix Nobel** en 1934.

Réponse 116

La réponse est A. Une amitié immédiate et très forte lia *Michel de Montaigne* (1533-1592) et *Etienne de La Boétie* (1530-1563). À la mort de son ami, Montaigne prend la plume pour écrire son premier texte et narrer la mort socratique de cet ami qui lui lègue la totalité de ses livres et papiers. C'est à cette date, le 18 août 1563, que naît la décision de Montaigne d'être le Platon de cet ami. Montaigne se retire alors dans son château et, à la suite de la mort de son père, il liquide ses obligations et sa charge au Parlement.

Montaigne ne s'est cependant pas cantonné dans son rôle de « **Platon** » de La Boétie : il reste avant tout l'auteur des *Essais* (1580).

Il fit preuve d'un **scepticisme modéré** et pratiqua une introspection psychologique qui est le centre de son œuvre, laquelle fut jugée « haïssable », en raison de sa

Question 116

Quel événement donna naissance au premier texte de Montaigne :

A. la mort de son ami La Boétie ?

B. sa participation à une campagne contre les protestants ?

C. ses expériences maussades d'écolier au collège de Guyenne à Bordeaux ?

Étienne de La Boétie
Discours de la servitude volontaire

« [...] Je voudrais seulement comprendre comment il se peut que tant d'hommes, tant de bourgs, tant de villes, tant de nations supportent quelquefois un tyran seul qui n'a de puissance que celle qu'ils lui donnent, qui n'a pouvoir de leur nuire qu'autant qu'ils veulent bien l'endurer, et qui ne pourrait leur faire aucun mal s'ils n'aimaient mieux tout souffrir de lui que de le contredire. Chose vraiment étonnante — et pourtant si commune qu'il faut plutôt en gémir que s'en ébahir —, de voir un million d'hommes misérablement asservis, la tête sous le joug, non qu'ils y soient contraints par une force majeure, mais parce qu'ils sont fascinés et pour ainsi dire ensorcelés par le seul nom d'un, qu'ils ne devraient pas redouter — puisqu'il est seul — ni aimer — puisqu'il est envers eux tous inhumain et cruel. »

(Extrait)

Question 117

Quel événement provoqua chez J.-J. Rousseau, l'illumination qui lui fit écrire son *Discours sur les sciences et les arts* et orienta totalement le reste de sa vie :

A. son voyage en Angleterre, où il rencontre John Watt, l'inventeur de la machine à vapeur et de la machine à filer ?

B. la violente algarade qui l'oppose à l'Académie des sciences ?

C. la lecture dans le journal *Mercure* de la question proposée pour le prix de l'Académie de Dijon, à savoir : « Le progrès des sciences et des arts a-t-il contribué à corrompre ou à épurer les mœurs ? »

Question 118

Quelle fut l'une des raisons majeures pour lesquelles Sade écrivit les *Cent vingt journées de Sodome* :

A. il écrivit son livre en réaction à une discorde qui l'opposa au comte de Montreuil ?

B. il écrivit son livre après les soirées de noctambules partagées avec Mirabeau ?

C. il écrivit ce livre pour tromper l'ennui de la prison ?

vanité, par ses contemporains, avant de retrouver **ses lettres de noblesse grâce à *Voltaire*.**

Réponse 117

La réponse est C. ***Jean-Jacques Rousseau*** (1712-1778) explique lui-même l'émoi et la révélation qui lui furent donnés à la lecture de **la question posée** pour le prix de l'Académie de Dijon « Le progrès des sciences et des arts a-t-il contribué à corrompre ou à épurer les mœurs ? » La formulation de ce problème entraîne un bouleversement dans la vie de l'auteur : « À l'instant de cette lecture, je vis un autre univers et je devins un autre homme... Tout le reste de ma vie et de mes malheurs fut l'effet inévitable de cet instant d'égarement. »

Réponse 118

La réponse est C. En 1785, ***Sade*** (1740-1814) rédige *Cent Vingt Journées de Sodome*, alors qu'il est **emprisonné à la Bastille** suite à une affaire d'orgie. Jusque-là, il n'avait écrit que des récits mondains mais il s'en écarte pour satisfaire ses goûts libertins jusqu'à l'extrême limite. Il abandonnera cette œuvre dès sa sortie de la Bastille. Il fut voisin de cellule de Mirabeau, autre fils de famille,

provençal et libertin, mais ne s'entendit guère avec lui.

Réponse 119

La réponse est A. La **dictée de Mérimée** fut créée à la demande de l'impératrice Eugénie pour distraire sa cour.

Cette anecdote ne peut cependant voiler le **talent de nouvelliste** de **Prosper Mérimée** (1803-1870). C'est notamment lui qui introduira la littérature russe en France avec ses traductions de Pouchkine et de Gogol. La France lui doit aussi la sauvegarde de nombreux bâtiments de style roman et gothique à l'époque où il exerçait les fonctions d'**Inspecteur général des monuments historiques.**

Réponse 120

La réponse est B. **Henri Beyle** (1783-1842) trouva son pseudonyme lors d'un séjour dans la petite ville allemande de **Stendal** (sans h) alors qu'il suivait l'avancée des troupes napoléoniennes en tant qu'officier chez les Dragons d'abord, d'intendant militaire ensuite. Franc partisan de l'empereur, il décide de s'exiler à Milan au retour des Bourbons (1814).

Ce n'est qu'en 1814 que commence réellement sa carrière littéraire.

Question 119

Pour quelle raison fut créée la dictée de Mérimée en 1857 :

A. à la demande de l'impératrice Eugénie, pour distraire la cour ?

B. pour mettre à l'épreuve l'orthographe de Charles Cousin de Montauban qui s'était vanté de ne jamais faire de fautes ?

C. pour déterminer qui serait l'auteur de la dictée la plus difficile ?

Question 120

D'où Henri Beyle tira-t-il son pseudonyme, en l'occurrence Stendhal :

A. Stendhal est le nom de critique puis d'écrivain utilisé par Beyle, mais on ne sait comment il le trouva ?

B. il vécut dans la petite ville allemande de Stendal qui lui a fourni son pseudonyme ?

C. Stendal est le nom d'une rivière traversant un village où Beyle fut caserné en Italie ?

Question 121

Quelle conséquence eut la correspondance de Balzac sur sa vie :

A. c'est de cette manière qu'il connut sa future femme ?

B. sa volumineuse correspondance lui vaudra, à la fin de sa vie, le titre de plus grand épistolier de France ?

C. il semble que Balzac réalisa à travers son courrier ce que sa vie d'écrivain ne lui permettait pas de faire (participation à la vie mondaine, à la vie politique, voyages, etc.) ?

Question 122

Qu'est-ce qui donna naissance à *La Comédie humaine* :

A. *La Comédie humaine* est un travail de commande effectué par Balzac pour les éditions Louis Lambert ?

B. *La Comédie humaine* est le titre général sous lequel Balzac regroupe tous ses romans à partir de leur réédition de 1842 ?

C. *La Comédie humaine* est la vaste biographie d'une famille bourgeoise du XIXe siècle, laquelle était sans doute celle de sa femme ?

Sa vie entière sera vouée à **l'amour et à ses conquêtes**, qui furent nombreuses. Il donnera à la littérature française deux de ses plus grands romans : *Le Rouge et le Noir* et *La Chartreuse de Parme*.

Réponse 121

La réponse est A. Fin 1832, **Balzac** (1799-1850) reçut une lettre anonyme qui changea le cours de sa vie. Il découvrait à ce moment une **fervente admiratrice** qui désirait garder l'anonymat. Plus tard, il perça l'énigme que représentait la comtesse polonaise **Eveline Hanska** avec laquelle il échangea une volumineuse correspondance. Elle devint, par ailleurs, son épouse alors qu'il s'éteignait.

La production de Balzac est d'autant plus impressionnante qu'il cumula une importante production littéraire et épistolaire à une vie mondaine, politique et d'homme d'affaires bien remplie. Il fut de même un grand voyageur.

Goethe dira de lui en parlant de *La Peau de Chagrin* : « on peut attaquer chaque détail, trouver à chaque page des péchés de facture, des extravagances, en un mot qu'il s'y trouve plus d'imperfections qu'il n'en faudrait pour abîmer un beau livre et que, cependant, il est impossible d'y méconnaître l'œuvre d'un talent plus

qu'ordinaire et de la lire sans intérêt. »

Goethe, cité par F. Soret.

Réponse 122

La réponse est B. *La Comédie humaine* est le titre général sous lequel **Balzac** regroupe tous ses romans à partir de leur réédition de 1842. Il s'agissait d'une **opération à la fois commerciale et intellectuelle**. D'une part, c'est une entreprise de libraire : *La Comédie humaine* est éditée sous forme compacte, on y supprime les préfaces, les alinéas, certains chapitres et les souscriptions ; d'autre part, c'est une entreprise intellectuelle où Balzac tente de donner une unité à l'ensemble de son œuvre. Il veut en donner l'idée directrice et écrit pour ce faire un *Avant-Propos* qui justifiait sa démarche et promouvait le roman. Il y décrit son évolution, qui démarre avec les romans réalistes pour terminer avec les extrapolations philosophiques.

Réponse 123

La réponse est A. **Victor Hugo** (1802-1885) se pose très rapidement comme le **chef de file romantique**. Il s'oppose à la tragédie classique en critiquant ses artifices. Pour lui, le drame

Question 123

À quelle école littéraire peut-on associer Victor Hugo :

A. romantique ?

B. classique ?

C. naturaliste ?

Victor Hugo

Question 124

Quelle méthode utilisait Alexandre Dumas (Dumas père) pour écrire ses romans historiques :

A. il avait coutume de s'enfermer dans les bibliothèques pour réunir une documentation historique précise ?

B. il utilisait des historiens qu'il exploitait sans vergogne pour rassembler la documentation historique nécessaire ?

C. il fut l'un des premiers utilisateurs des nègres en littérature. Il donnait le schéma de base que les nègres devaient exploiter en rédigeant le roman sous sa forme définitive ?

Question 125

De quel écrivain parlait Chateaubriand en disant : « L'insulte à la rectitude de la vie ne saurait aller plus loin... » :

A. Arthur Rimbaud ?

B. George Sand ?

C. Sade ?

moderne doit à la fois mêler le sublime et le grotesque. *Goethe* dira de lui : « C'est un beau talent, mais tout engagé dans la fâcheuse direction romantique de son temps » ou encore, se penchant sur la fécondité de l'auteur, il ajoutera : « ... s'il aspire à une gloire durable, il doit d'abord commencer par écrire moins et travailler davantage. »

Réponse 124

La réponse est B. *Alexandre Dumas* père (1802-1870) s'inscrivit rapidement dans le genre du **roman historique**. Pour les rédiger, il utilisait au préalable de nombreux collaborateurs chargés de rassembler la documentation historique nécessaire. Il les exploita souvent sans vergogne et cela lui permit de publier pas moins de 257 volumes de romans dont les plus connus restent *Le Comte de Monte-Cristo* (1844-1845) et *Les Trois Mousquetaires* (1844).

Réponse 125

La réponse est B. *George Sand* (1804-1876), en raison de sa vie dissolue et **peu conforme à la morale bourgeoise**, fut très tôt considérée comme « la scandaleuse romantique ». Mais si certains la dénigrèrent, d'autres aussi illus-

tres, comme Flaubert, Dostoïevski ou Renan, la considérèrent comme un des talents les plus vrais qu'ils aient rencontrés.

Ses romans (*La Petite Fadette* (1849), *La Mare au diable* (1846)) illustrent le tempérament volontiers généreux et humanitaire de l'auteur.

Après avoir été une **passionaria de la révolution**, les événements dramatiques de 1849 et plus tard de 1870 lui firent prendre le parti de l'ordre.

Chateaubriand n'aurait pu parler de Rimbaud puisque ce dernier est né après sa mort.

Réponse 126

La réponse est C. *Gérard de Nerval* (1808-1855) est victime de sa première **crise de folie** en 1841. Cette crise marque un tournant dans la carrière du poète. À partir de celle-ci, il se révèle comme un grand poète déchiré.

À partir de 1851, les crises se succèdent et il est plusieurs fois interné. Il se suicidera le 26 janvier 1855. On le trouvera pendu à la grille de la Vieille Lanterne, au Châtelet.

Réponse 127

La réponse est A. *Théophile Gautier* (1811-1872) marqua très

Question 126

De quelle maladie a souffert Gérard de Nerval :

A. de dépression ?

B. de paranoïa ?

C. de crises de folie ?

Question 127

À quel mouvement littéraire s'opposa Théophile Gautier :

A. aux classiques ?

B. aux romantiques ?

C. aux naturalistes ?

Théophile Gautier
La morte amoureuse

« Vous me demandez, frère, si j'ai aimé ; oui. C'est une histoire singulière et terrible, et, quoique j'aie soixante-six ans, j'ose à peine remuer la cendre de ce souvenir. Je ne veux rien vous refuser, mais je ne ferais pas à une âme moins éprouvée un pareil récit. Ce sont des événements si étranges, que je ne puis croire qu'ils me soient arrivés. J'ai été pendant plus de trois ans le jouet d'une illusion singulière et diabolique. Moi, pauvre prêtre de campagne, j'ai mené en rêve toutes les nuits (Dieu veuille que ce soit un rêve !) une vie de damné, une vie de mondain et de Sardanapale. »

(Extrait du récit fantastique publié dans « La Chronique de Paris » les 23 et 26 juin 1836)

Question 128

Par quoi se caractérise l'œuvre de
Théophile Gautier :

A. par la portée symbolique de ses écrits ?

B. son œuvre fait de lui l'un des premiers naturalistes ?

C. elle s'attache à narrer des histoires avec pour seul but de bien les raconter, l'histoire n'a en fait que peu d'importance ?

Question 129

Pour quelle raison Flaubert mit-il le cap vers l'Orient, voyage qui permit entre autres la rédaction de *Salammbô* :

A. pour des raisons politiques ?

B. pour répondre à l'invitation d'Abbas Hilmi 1er ?

C. pour des raisons de santé ?

rapidement son **aversion pour les classiques**. Il était un fervent partisan de Rabelais et de Villon ou de poètes comme Saint-Amand, décriés à l'époque. Théophile Gautier, en tant que **représentant des romantiques**, s'était notamment illustré à la première d'*Hernani* en menant la fronde des jeunes intellectuels romantiques contre les classiques.

Réponse 128

La réponse est C. *Théophile Gautier* (1811-1972) est l'un de ces auteurs pour qui **le plaisir de bien écrire se suffit à lui-même**, peu importe, à la limite, l'histoire. Le sujet est secondaire par rapport aux mots et à leur agencement. Les spéculations métaphysiques, la vision surréaliste sont absentes de l'œuvre de Gautier. Il s'illustre dans le fantastique où il écrira ses romans les plus connus : *Le Roman de la momie* (1858) et *le Capitaine Fracasse* (1863).

Réponse 129

La réponse est C. C'est pour des **raisons de santé** que *Gustave Flaubert* (1821-1880) part vers l'Orient. Les médecins lui recommandent un climat chaud pour son état nerveux qui s'aggrave. En effet, Flaubert est victime d'une

maladie épileptiforme.

Les souvenirs de son parcours à travers la Turquie, l'Égypte, l'Asie Mineure et la Grèce lui permirent d'écrire *Salammbô* et *Hérodias*. Flaubert est l'un des grands écrivains réalistes de son temps. Il s'illustre notamment à travers *Madame Bovary* (1857) et *L'Éducation sentimentale* (1869). Selon lui, pour atteindre l'objectivité suffisante pour dépeindre cette réalité, il était nécessaire de « se transporter dans les personnages et non les attirer à soi ».

Réponse 130

La réponse est A. **Baudelaire** (1821-1857) a sans doute rendu l'œuvre d'**Edgar Allan Poe** plus admirable encore dans sa version française que dans sa version originale. Il connut les écrits de Poe dans une traduction détestable du conte intitulé *Le Chat Noir*. Baudelaire traduira Poe pendant 17 ans.

La **préface de cette traduction** de l'œuvre de Poe est un témoignage extraordinaire des sentiments que Baudelaire éprouvait pour un auteur qui ne fut guère reconnu de son vivant.

Réponse 131

La réponse est A. Sa première approche du monde littéraire,

Question 130

Comment Charles Baudelaire contribua-t-il à introduire en France une littérature jusque-là inconnue :

A. il traduisit de manière incomparable l'œuvre d'Edgar Allan Poe et fit découvrir au public français cet étrange et original auteur ?

B. il introduisit la littérature allemande en traduisant *Richard Wagner et Tannhäuser* ?

C. quoique déçu de son séjour en Belgique, il revint de Bruxelles avec de nombreux récits d'écrivains belges ?

Question 131

Quel fut le premier contact de Jules Verne avec le monde littéraire :

A. sa première expérience d'écriture fut celle d'une pièce de théâtre ?

B. il travailla d'abord dans les milieux de l'édition pour Hetzel, avant d'écrire *Cinq Semaines en ballon* ?

C. il commença à écrire sa première œuvre *Cinq Semaines en ballon*, alors qu'il était encore agent de change à la Bourse de Paris ?

Question 132

À quelle école peut-on rattacher Zola :

- A. romantique ?
- B. naturaliste ?
- C. symboliste ?

Question 133

Outre la figure légendaire de Rimbaud, un autre personnage aura une influence déterminante sur la vie de Verlaine. Lequel :

- A. sa cousine Elisa ?
- B. le dessinateur Cazals ?
- C. Mallarmé ?

Question 134

En quoi Guy de Maupassant s'opposa-t-il à Zola :

- A. alors que Maupassant était un adepte du fantastique, Zola étudiait le monde de manière plus scientifique ?
- B. alors que Zola est le grand représentant des naturalistes, Maupassant est un des derniers romantiques ?
- C. Maupassant resta fidèle à Cézanne, alors que Zola avait dénigré celui-ci dans son roman *L'Œuvre* ?

Jules Verne (1828-1905) la doit à **Alexandre Dumas**, qui lui permit de monter la première et **unique pièce** qu'il ait écrite, *Les Pailles rompues*. Cette première expérience ne se révéla pas être un franc succès. Pressé par des problèmes financiers, il exerça le métier d'agent de change plusieurs années pendant lesquelles il rédigea un essai sur Poe et deux opérettes, sans réel succès.

Ce n'est que lorsqu'il présenta à Hetzel le manuscrit de *Cinq Semaines en ballon* que le succès arriva et ne se démentit plus par la suite.

Réponse 132

La réponse est B. *Émile Zola* (1840-1902) peut être considéré comme la figure de proue de l'**école naturaliste**. Pour cette école, le roman doit être basé sur une **observation scrupuleuse** de la réalité et sur l'expérimentation qui soumet l'individu au déterminisme du milieu et de l'hérédité. Avec des romans comme *Germinal* ou *La Bête humaine*, Zola s'est imposé comme un des grands maîtres du naturalisme.

Réponse 133

La réponse est A. *Paul Verlaine* (1844-1896) fut profondément

épris de sa cousine Élisa qui fut pour lui « mieux qu'une sœur ». Grâce à son aide financière, il put notamment publier les *Poèmes saturniens* à compte d'auteur. La mort de celle-ci, en 1867, affecta profondément Verlaine. Sa souffrance et son désarroi le poussèrent à se réfugier dans l'alcool, qu'il ne quittera quasi plus jusqu'à sa mort.

Le dessinateur **Cazals** fut pendant près de quatre ans l'une des passions de Verlaine mais n'eut, semble-t-il, aucune influence littéraire sur ce dernier. Quant à **Mallarmé**, il fut l'un de ses rares contemporains à l'**avoir soutenu**. Malgré ce soutien, Verlaine ne put jamais bénéficier de la renommée qui lui fut attribuée plus tard.

Réponse 134

La réponse est A. **Guy de Maupassant** (1850-1893) reprochait à **Zola** ses prétentions scientifiques qui tendaient à réduire les limites du merveilleux.

Cependant, Maupassant fut, un temps, un écrivain réaliste qu'on peut associer aux naturalistes de l'époque. Il fréquenta Zola mais s'éloigna rapidement des écoles littéraires. Son attrait pour les questions concernant le dérègle se délectent des crimes sordides

Guy de Maupassant
La peur

« Le train filait, à toute vapeur, dans les ténèbres. Je me trouvais seul, en face d'un vieux monsieur qui regardait par la portière. On sentait fortement le phénol dans ce wagon du P.-L.-M., venu sans doute de Marseille.

C'était par une nuit sans lune, sans air, brûlante. On ne voyait point d'étoiles, et le souffle du train lancé nous jetait quelque chose de chaud, de mou, d'accablant, d'irrespirable.

Partis de Paris depuis trois heures, nous allions vers le centre de la France sans rien voir des pays traversés.

Ce fut tout à coup comme une apparition fantastique. Autour d'un grand feu, dans un bois, deux hommes étaient debout.

Nous vîmes cela pendant une seconde : c'était, nous sembla-t-il, deux misérables en haillons, rouges dans la lueur éclatante du foyer, avec leurs faces barbues tournées vers nous, et autour d'eux, comme un décor de drame, les arbres verts, d'un vert clair et luisant, les troncs frappés par le vif reflet de la flamme, le feuillage traversé, pénétré, mouillé par la lumière qui coulait dedans.

Puis tout redevint noir de nouveau. Certes, ce fut une vision fort étrange ! Que faisaient-ils dans cette forêt, ces deux rôdeurs ? Pourquoi ce feu dans cette nuit étouffante ?

Mon voisin tira sa montre et me dit : « Il est juste minuit, Monsieur, nous venons de voir une singulière chose. »

J'en convins et nous commençâmes à causer, à chercher ce que pouvaient être ces personnages : des malfaiteurs qui brûlaient des preuves ou des sorciers qui préparaient un philtre ? »
(Extrait du texte publié dans « Le Figaro » du 25 juillet 1884.)

Question 135

L'une de ces affirmations concernant Arthur Rimbaud est fausse. Laquelle :

A. il a écrit un projet de constitution communiste ?

B. il a écrit un violent réquisitoire contre l'empereur Napoléon ?

C. en Angleterre, il a rédigé en anglais un essai sur *Les Illuminations* ?

Question 136

On connaît Claudel comme un homme d'une profonde religiosité.
Quel est son apport à la religion :

A. il a écrit une réflexion personnelle sur Thomas d'Aquin, laquelle eut un grand impact théologique ?

B. il est à la base de la renaissance du théâtre religieux en France ?

C. à la fois poète et ambassadeur français, il soutint l'effort d'évangélisation en Chine ?

le poussa à pénétrer plus avant dans la voie du fantastique. C'est pourquoi, Maupassant suivit à la Salpêtrière les cours de l'aliéniste Charcot. Ce cheminement vers **le fantastique** le verra s'opposer progressivement à Zola.

Pour d'autres, l'opposition entre Maupassant et Zola est bien plus un **débat à l'intérieur des limites du naturalisme**. L'un, Maupassant, écrit des contes réalistes ; l'autre, Zola, écrit des romans.

Réponse 135

La réponse est C. **Rimbaud** (1854-1891) ne rédigea pas d'essai sur *Les Illuminations* en anglais. Par contre, il écrivit, en 1871, un *Projet de constitution communiste*, dont nous n'avons plus de traces. On en connaît l'existence car Rimbaud lut ce projet à son ami Delhaye.

Enfin, dans ces compositions, Arthur Rimbaud se lança dans un violent réquisitoire contre Napoléon, à qui il reprochait d'avoir retardé l'avènement d'un socialisme qu'il aurait pu imposer. On se souviendra encore de ses activités de trafiquant d'armes de 1887 à 1891.

Mais plus encore, ce sont ses poèmes qui nous font aimer Rimbaud, lequel commença son

œuvre littéraire à 16 ans pour la terminer à 19 ans. On retiendra de son œuvre *Le bateau ivre* (1871) et *Une saison en enfer* (1873).

Réponse 136

La réponse est B. **Paul Claudel** (1868-1955) est, avec sa pièce *L'Annonce faite à Marie* (1912), le père de la **renaissance du théâtre religieux** en France. Il abandonna progressivement la création littéraire proprement dite pour se consacrer à des commentaires bibliques.

Il est, en outre, un infatigable épistolier, qui s'efforce de convertir ses correspondants. C'est, entre autres, le cas de Gide, Suarès, Rivière et Massignon. Amateur de musique, il a, de plus, écrit de remarquables pages sur les musiciens qu'il aimait, tels Beethoven, Berlioz et Wagner.

Paul Claudel est cependant réputé pour ne pas s'être mis beaucoup à l'écoute de ses contemporains. Pour lui, Goethe, Hugo, Renan ou encore Michelet étaient des « infâmes ».

Réponse 137

La réponse est A. À partir de 1930, **André Gide** (1869-1951) proclame ses sympathies pour un État sans religion, sans classe et sans famille.

Question 137

Après son rejet du catholicisme, quel est l'autre grand retournement d'opinion d'André Gide :

A. son revirement d'opinion à l'égard de l'URSS suite à un voyage sur place ?

B. sa reconversion religieuse provoquée par Claudel, écrivain français connu pour sa profonde religiosité ?

C. son passage d'une philosophie hédoniste, optimiste, à une vision plus fataliste de la vie ?

Paul Claudel

Question 138

De quelle manière Proust réagit-il à une critique de Jean Lorrain, offensante pour son livre *Les Plaisirs et les jours* :

A. d'une plume impitoyable, il répondit à Jean Lorrain et le ridiculisa de la plus belle manière ?

B. il porta plainte pour diffamation ?

C. il provoqua le critique en duel ?

Question 139

Quelle phrase significative concernant l'amour peut-on attribuer à Colette :

A. « l'amour est une féerie d'où les humains sont absents » ?

B. « quoi, l'amour... ? »

C. « l'amour n'est pas un sentiment honorable » ?

Il veut voir l'URSS triompher mais son voyage sur place provoque l'effet d'une douche froide. C'est le **réveil brutal face à un être tel que Staline**. Sa rancœur se répandra dans *Retour d'URSS* et *Retouches à mon retour d'URSS* écrits en 1937.

La carrière de Gide démarra vraiment après la publication de son livre *Les Nourritures terrestres* (1897). A partir de ce moment, l'influence de Gide ne cessa de grandir, lui attirant chaque jour de nouveaux disciples. Malraux dira de lui qu'il était un contemporain capital.

Réponse 138

La réponse est C. **Marcel Proust** (1871-1922) provoqua en duel **Jean Lorrain** (1855-1906) — écrivain français qui s'illustra dans le registre de l'écriture à scandale — après que ce dernier eut critiqué de manière méprisante et perfide son premier livre. Proust s'en tira avec tous les honneurs.

À ses débuts, pressé d'écrire, Proust n'aboutit pas au grand roman qu'il pressentait en lui. Pendant dix ans, ses tentatives restèrent infructueuses. Son premier chef-d'œuvre, *Du côté de chez Swann*, ne parut qu'en 1913. Le triple cycle de Swann, de Guermantes et d'Albertine formè-

rent le reste de son œuvre sous le titre global *À la Recherche du temps perdu*, et ce, jusqu'à sa mort en 1922.

Réponse 139

La réponse est C. La vie de **Colette** (1873-1954) fut, pendant un temps, entièrement centrée sur l'exigence des sens. L'amour perdait dès lors son caractère honorable, surtout au yeux de ses contemporains.

Sa vieillesse et sa maladie lui donnèrent une **sensibilité très digne**, où le courage et la vitalité restèrent toujours présents.

Paul Valéry dira d'elle : « Colette, seule de son sexe, sait qu'écrire est un art, le possède et confond quantité d'hommes qui l'ignorent. »

Réponse 140

La réponse est C. Sous le pseudonyme de Forez, **François Mauriac** (1885-1970) écrivit des articles dans lesquels il faisait part de son **horreur du nazisme**. Ses articles paraissaient dans un journal clandestin aux Éditions de minuit.

François Mauriac fut à la pointe des combats politiques humanitaires. Il s'opposa aux franquistes puis aux nazis, avant de condamner les guerres coloniales d'Indo-

Question 140

De quelle manière François Mauriac lutta-t-il contre le nazisme :

A. il prit le maquis et s'engagea dans la résistance ?

B. il ne prit position en aucune manière, ni politique, ni par ses écrits, ni par ses actions ?

C. il écrivit, sous un pseudonyme, des articles contre les nazis ?

François Mauriac

Question 141

Où se situait l'Atlantide de Pierre Benoit :

A. en plein Sahara ?

B. au large des côtes de l'Afrique de l'Ouest ?

C. dans le désert du Hoggar ?

Question 142

Au cours de quelle période Cocteau rédigea-t-il *Les Enfants terribles* :

A. il a rédigé son roman à l'âge de 19 ans se montrant ainsi l'écrivain le plus précoce de sa génération ?

B. il a rédigé son roman en dix-sept jours au cours d'une cure de désintoxication ?

C. il a rédigé son roman au cours d'une dépression qui l'amena à se droguer à l'opium ?

Jean Cocteau

chine puis d'Algérie. Il a consigné tous ses combats politiques dans son *Journal* et dans ses *Bloc-notes*. Il fut reçu à l'Académie française en 1933 et élu **prix Nobel** de littérature en 1952.

Réponse 141

La réponse est C. Le roman *L'Atlantide* (1919) de **Pierre Benoit** (1886-1962) situe l'**Atlantide** dans le **massif du Hoggar**. Les critiques de l'époque n'hésitèrent pas à saluer ce roman, précédé d'un an par *Koenigsmark*, comme celui du renouveau du « roman romanesque » tombé en désuétude face au naturalisme et au symbolisme. Un des traits particuliers de Pierre Benoit se manifeste dans sa constance à donner à toutes ses héroïnes un prénom qui commence par la lettre A . Pierre Benoit fut élu à l'**Académie française** en 1931.

Réponse 142

La réponse est B. **Jean Cocteau** (1889-1963) rédigea *Les Enfants terribles* en 1929 au cours d'une cure de désintoxication. Cette année-là, il se libéra également de l'**emprise de l'opium** sous laquelle il se trouvait depuis la mort de son ami Raymond Radiguet. Ce décès l'avait, en effet, plongé dans une sombre dépression au

cours de laquelle il s'était enfoncé dans la dépendance de la drogue.

Réponse 143

La réponse est C. *Jean Giono* (1895-1970) écrit lui-même que les livres d'« Aristophane, Eschyle, Sophocle, Théocrite, Homère, Virgile » ne valaient « que 0,95 F dans la collection Garnier. Voilà la raison. » C'est pourquoi sa bibliothèque d'adolescent se composa des auteurs classiques grecs avant tout.

Il suffit de citer André Malraux pour situer la place qu'occupe cet écrivain dans la littérature française : « Pour moi, les trois meilleurs écrivains de cette génération sont Montherlant, Giono et Bernanos... »

Réponse 144

La réponse est C. Alors qu'il a aidé de nombreux résistants et victimes du nazisme, *Jean Giono* (1895-1970) est **incarcéré pour avoir publié un de ses romans**, *Deux Cavaliers de l'orage*, dans un hebdomadaire vichyssois. Ces événements vont précipiter un changement d'attitude de l'auteur. Il **perd confiance en l'homme** et son écriture s'en ressent. Il aborde alors le thème du crime, fruit de la soif de puissance. Ce

Question 143

Pour quelle raison Jean Giono découvrit-il les auteurs classiques grecs avant les auteurs contemporains :

A. la bibliothèque de son père était composée principalement d'auteurs grecs ?

B. la lecture de la Bible durant sa jeunesse le poussa à lire le Nouveau Testament dans les versions grecques ?

C. les livres des auteurs grecs coûtaient moins cher que ceux des auteurs contemporains ?

Question 144

Quel événement marqua un grand tournant dans l'écriture de Jean Giono :

A. la Première Guerre mondiale ?

B. la mort de son père ?

C. son incarcération à la Libération ?

Question 145

Parmi ces trois genres, lequel Marcel Pagnol n'a-t-il pas vraiment exploité :

A. le théâtre ?

B. la poésie ?

C. le roman ?

Question 146

Quelle attitude adopta Montherlant à la veille de la Seconde Guerre mondiale :

A. il soutint les positions nazies ?

B. il était tout à fait indifférent aux événements ?

C. il décida sciemment de rester apolitique ?

Marcel Pagnol

revirement était cependant déjà perceptible dans *Deux Cavaliers de l'orage*.

La seule solution pour Giono, s'il ne veut pas sombrer dans le scepticisme, est alors de **se réfugier dans l'imaginaire**. Suivront une série de romans et une biographie, *Pour saluer Melville*, qui lui permettront de traverser cette passe. De 1945 à 1957, on assiste à un **renouvellement de son inspiration** qui donnera naissance à quelques-unes de ses plus belles œuvres, dont notamment le cycle d'*Angelo*, qui sera un héros selon son cœur.

Réponse 145

La réponse est B. **Marcel Pagnol** (1895-1974) commença sa carrière littéraire par l'écriture et la réalisation de pièces de théâtre. La première à avoir connu le succès fut *Topaze*. Outre son incursion réussie au cinéma, c'est avec ses comédies dramatiques et ses romans qu'il connut le plus de succès.

Marcel Pagnol restera sans doute le grand précurseur de l'**écriture des traditions régionales** admirablement relatées dans ses romans (*Jean de Florette*, *Manon des Sources*). Il connut le succès grâce à sa trilogie (*Marius* (1929), *Fanny* (1931), *César* (1946)), qu'il transpo-

sa lui-même à l'écran. Il reste, encore aujourd'hui, source d'inspiration pour les réalisateurs de cinéma.

Il aborda la poésie dans des écrits de jeunesse, sans pour autant exploiter le genre.

Réponse 146

La réponse est C. Durant les quelques années qui précèdent l'éclatement de la Deuxième Guerre mondiale, **Henry de Montherlant** (1896-1972) s'appliqua à garder une attitude apolitique et écrivit, pour ce faire, dans des journaux et périodiques politiquement opposés. Malgré cela, en 1938, il s'oppose à « l'esprit de Munich » et s'engage volontairement pour rejoindre la ligne Maginot. Il sera **correspondant de guerre** jusqu'en 1940 puis auteur pour le journal *Solstice de juin*, qui fut interdit jusqu'en 1941. Après cela, Montherlant **se réfugie dans le théâtre** et écrit quelques pièces qui sont d'ores et déjà devenues de grands classiques, notamment *La Reine morte* (1942).

Réponse 147

La réponse est A. **André Breton** (1896-1966) a donné cette définition du **surréalisme** dans son

Question 147

À quel mouvement correspond cette définition et qui l'a écrite :

« Automatisme psychique pur par lequel on se propose d'exprimer, soit verbalement, soit de toute autre manière, le fonctionnement réel de la pensée... » :

A. c'est en ces termes qu'André Breton définissait le surréalisme ?

B. il s'agit de la définition du mouvement dadaïste donné par Tzara ?

C. c'est la définition du mouvement constructiviste donné par Rodchenko ?

Dada et constructivisme

Tristan Tzara définissait Dada comme « un microbe vierge qui s'introduit avec l'insistance de l'air dans tous les espaces que la raison n'a pu combler de mots ou de conventions ». Belle définition que celle-là, loin du poncif officiel qui veut que Dada soit « la dénomination adoptée en 1916 par un groupe d'artistes et d'écrivains insurgés contre l'absurdité de leur époque et résolus à remettre en question tous les modes d'expression traditionnels ». Rodchenko a bien été l'un des leaders du constructivisme, que les dictionnaires définissent comme important courant de l'abstraction qui s'est développé à partir de 1913 environ sur la base du cubisme et du futurisme et qui utilisait exclusivement des éléments géométriques comme le cercle, le rectangle ou la ligne droite.

Question 148

De qui est cette phrase symbolique : « Je donne à qui veut bien une ignorance de plus » :

A. G. Bataille ?

B. A. France ?

C. M. Butor ?

Question 149

À quel événement historique Joseph Kessel n'a-t-il pas pris part :

A. à la révolution russe ?

B. à la Première Guerre mondiale ?

C. à la guerre civile d'Espagne ?

Question 150

Qui se fait apprivoiser dans *Le Petit Prince* de Saint-Exupéry :

A. le petit Prince ?

B. la rose ?

C. le renard ?

Deuxième Manifeste du surréalisme, qui date de 1930.

André Breton fut la figure de proue du mouvement, son théoricien et, jusqu'à sa mort, le garant de l'orthodoxie.

C'est lui qui a écrit le premier manuscrit surréaliste, *Les Champs magnétiques* (1919).

Le constructivisme est un mouvement de peinture dont Alexandre Rodchenko (1891-1956) fut le représentant le plus connu. À partir de 1924, ce dernier se consacre au design et à la photographie, pour laquelle il crée un style réaliste.

Réponse 148

La réponse est A. Cette phrase symbolique résume bien la pensée de **Georges Bataille** (1897-1962), qui a toujours parié sur le non-savoir, ou plutôt **l'art de savoir ne pas savoir**. Loin de tout dogmatisme, Georges Bataille s'affirme aujourd'hui comme un des auteurs majeurs de son époque.

L'homme a d'ailleurs vécu dans les environnements les plus divers. Après un **accès de passion mystique**, il se lie à l'extrême gauche française, avant de créer, en 1935, avec André Breton, *Contre-Attaque*, groupe révolutionnaire et d'avant-garde littéraire qui reproche au Front populaire son attitude trop tiède et défensi-

ve devant la menace fasciste. Le groupe ne parviendra à publier qu'un seul numéro des *Cahiers de contre-attaque* en 1936.

On retiendra, entre autres, sa première trilogie composée de *L'Expérience intérieure* (1943), *Le Coupable* (1944) et *Sur Nietzsche* (1945). Jacques Lacan qualifia l'œuvre de Bataille comme « le dernier mot de l'*expérience intérieure* de notre siècle ».

Réponse 149

La réponse est A. **Joseph Kessel** (1898-1976) n'a pas vécu sur place la révolution russe de 1917. Par contre, il s'est engagé au cours de la Première Guerre mondiale comme aviateur dans l'aviation française en 1916. Il a ensuite été reporter avant de s'engager pendant la guerre civile espagnole auprès de l'Internationale socialiste. Il fut ensuite correspondant de guerre puis résistant durant la Seconde Guerre mondiale. Cette **vie d'aventurier** a bien entendu nourri la plupart de ses romans (*L'Équipage* (1923), *Le Lion* (1958), *Les Cavaliers* (1967)). Il fut élu à l'Académie française en 1963 et n'arrêta pas pour autant ses nombreux voyages.

Réponse 150

La réponse est C. C'est **le renard qui désire se faire apprivoiser** par

---

L'Aéropostale

1917. Alors que son usine fabrique des avions de guerre pour l'aviation française, Pierre-Georges Latécoère, songeant déjà à l'après-guerre, spécule sur les possibilités de reconversion de l'aviation. L'idée ne tardera pas à surgir : par sauts de puce d'environ 400 km, il imagine une ligne aérienne qui permettra de relier Toulouse à Dakar. Un premier rêve qui, il le pressent, l'emmènera vers l'Amérique du Sud.

Novembre 1918, l'Armistice à peine signé, Latécoère effectue son premier franchissement des Pyrénées. La liaison avec Barcelone vient de naître. Quelques mois plus tard, en mars 1919, les Postes marocaines signent avec les Lignes aériennes Latécoère un contrat d'acheminement du courrier entre la France et Rabat. L'aventure peut réellement commencer. Jusqu'en 1927, Latécoère développe ses lignes aériennes : Toulouse-Rabat dans un premier temps ; Casablanca-Dakar ensuite; puis, le couronnement, avec une liaison vers l'Amérique du Sud en reliant Recife à Rio. Dès 1924, Jean Mermoz rejoint Latécoère et Daurat, le directeur d'exploitation. D'autres noms illustres viennent s'ajouter à la liste : Vachet, Guillaumet, Reine et évidemment Saint-Exupéry. En 1925, Buenos Aires est atteinte. La Cordillère des Andes est franchie. Non sans mal. Usé par les problèmes rencontrés en Amérique du Sud, Latécoère cède 93% de ses participations à Marcel Bouilloux-Lafont en 1927. L'Aéropostale est née. Elle continuera à s'étendre jusqu'en 1931. À cette époque, en pleine gloire, l'Aéropostale dénombre pas moins de 200 avions, 17 hydravions et 51 pilotes. Hélas, insuffisamment soutenue par les hommes politiques français et touchée de plein fouet par le krach de 1929, elle est mise en liquidation. 120 pilotes auront payé cette épopée de leur vie... Un tribut qui en fera la légende !

Question 151

D'où est tirée cette phrase d'Antoine de Saint-Exupéry : « Si je suis descendu, je ne regretterai rien. La termitière future m'épouvante. Et je hais leurs vertus de robots. Moi, j'étais fait pour être jardinier » :

- A. de sa dernière lettre ?
- B. de son roman *Pilote de guerre* ?
- C. d'un extrait d'une de ses interviews ?

Question 152

Jacques Prévert a dit de très belles choses à la fois tendres et parfois ironiques. Quelle est la citation qui n'est pas de lui :

- A. de Van Gogh, il dit un jour : « Le regard bleu et doux/ Le vrai regard lucide et fou/De ceux qui donnent tout à la vie » ?
- B. de Picasso et Fernand Léger, il dit : « Vous n'êtes pas de grands peintres, vous êtes de bons peintres » ?
- C. apprenant la désignation d'un collègue à l'Académie française, il dirigea son regard vers le ciel en s'écriant : « Seigneur! Que faisais-tu à ce moment ? »

le petit Prince: « Tu n'es encore pour moi qu'un petit garçon semblable à cent mille petits garçons. Et je n'ai pas besoin de toi. Et tu n'as pas besoin de moi non plus. Je ne suis pour toi qu'un renard semblable à cent mille renards. Mais, si tu m'apprivoises, nous aurons besoin l'un de l'autre. Tu seras pour moi unique au monde. Je serai pour toi unique au monde... »

Antoine de Saint-Exupéry (1900-1944) écrivit son livre *Le Petit Prince* en 1943 et ce passage hautement symbolique permit au petit Prince de comprendre l'amour qu'il avait pour sa rose.

Il est également connu pour des écrits tels que *Courrier-sud* (1930) ou *Vol de nuit* (1931), fruits de son expérience de pilote sur la liaison Casablanca-Dakar ou de courrier postal dans les Andes.

Réponse 151

La réponse est A. Cette phrase provient de la **dernière lettre connue** d'**Antoine de Saint-Exupéry** avant sa disparition au cours d'un vol de reconnaissance. Il n'est guère nécessaire de chanter ses louanges, d'autres l'ont déjà fait avec émotion, tel le critique Roland Purnal, qui a écrit à son propos : « Antoine de Saint-Exupéry est une des plus belles

figures que la France ait jamais comptées depuis le début de ce siècle. Tant par la noblesse de son caractère que par ses dons d'écrivain, il s'est acquis de son vivant la plus juste gloire et cette gloire s'est encore accrue depuis sa mort. »

Réponse 152

La réponse est C. « Seigneur! Que faisais-tu à ce moment ? » n'est pas une phrase prononcée par le poète à l'égard d'un des ses collègues. Par contre, les deux autres phrases sont bien de *Jacques Prévert* (1900-1977).

Prévert avait fait du mot « grand » sa bête noire, s'opposant en cela à toute prétention intellectualiste ou autre. Picasso et Léger en firent l'expérience.

Prévert poète ne se soucia guère de laisser des traces de son œuvre. **Nombre de ses poèmes n'ont jamais été publiés** et il s'en moquait. Certains, comme Raymond Bussières, connaissent encore par cœur des poèmes de Prévert qui n'ont jamais été publiés. Il est par ailleurs quasi impossible de faire un inventaire complet de sa bibliographie car la plupart de ses écrits sont éparpillés aux quatre vents.

Jacques Prévert s'illustra au cinéma comme collaborateur de *Marcel*

Citations de Jacques Prévert

- Saint Martin a donné la moitié de son manteau à un pauvre : comme ça, ils ont eu froid tous les deux.
- Cent fois sur le métier remettez votre ouvrage à demain, si on ne vous paie pas le salaire d'aujourd'hui.
- Notre Père qui êtes aux cieux restez-y et nous resterons sur la terre qui est quelquefois si jolie.
- La meilleure façon de ne pas avancer est de suivre une idée fixe.
- Si quelqu'un vous dit : « Je me tue à vous le répéter », laissez-le mourir.

Question 153

L'une de ces affirmations concernant André Malraux est fausse, laquelle :

A. il fut condamné à la prison après son voyage au Cambodge, séjour au cours duquel il déroba des bas-reliefs ?

B. lors de sa participation à la Seconde Guerre mondiale, il fut capturé et emprisonné par les Allemands après avoir été blessé ?

C. lors de sa participation à la guerre civile d'Espagne, il fut capturé et emprisonné par les franquistes ?

Question 154

Que peut-on affirmer à propos du roman *Mémoires d'Hadrien* de Marguerite Yourcenar :

A. c'est son premier roman, celui qui la fera connaître ?

B. c'est un roman dont la première version existait déjà en 1937 mais qui ne fut publiée qu'en 1951 ?

C. c'est le roman qui inaugure la nouvelle vague du roman historique ?

Carné avec lequel il a travaillé plus de dix ans en tant que scénariste et dialogiste.

Réponse 153

La réponse est C. **André Malraux** (1901-1976) participa à la guerre d'Espagne en tant qu'aviateur mais ne fut jamais fait prisonnier. Par contre, à son retour à Pnom-Penh, il fut condamné à 3 ans de prison avec sursis pour le vol de bas-reliefs khmers. En effet, lors de son voyage au Cambodge au cours duquel il fit le relevé des vestiges de l'art khmer, il avait dérobé des bas-reliefs appartenant à des monuments classés.

En 1939, engagé dans un régiment blindé, il fut capturé par les Allemands après avoir été blessé. Il s'évadera quelque temps après. Ce sont ses *œuvres de jeunesse* qui sont les plus connues du public : *La Voie royale* (1930), *La Condition humaine* (1933, prix Goncourt).

Réponse 154

La réponse est B. Il fallu 15 ans à **Marguerite Yourcenar** (1903-1989) pour publier les *Mémoires d'Hadrien*. Une première version existait déjà en 1937 mais ce n'est qu'en 1951 que le roman fut effectivement publié. Il rencontra tout de suite un vif succès.

Marguerite Yourcenar s'imposa rapidement comme un **auteur classique** et sa première période fut notamment marquée par un chef-d'œuvre : *Le Coup de grâce* (1939).

Marguerite Yourcenar a été élue en 1980 à l'**Académie française**, après avoir été reçue et élue à l'Académie royale belge de langue et de littérature françaises en 1971.

Réponse 155

La réponse est A. ***Jean-Paul Sartre*** (1905-1980) commence à écrire sa *Critique de la raison dialectique* suite à l'entrée des Soviétiques en Hongrie, en 1956. Le livre paraîtra quatre ans plus tard.

La vie politique de l'homme est indissociable de son œuvre et est empreinte des **opinions de gauche** très marquées mais qui subiront la cruelle épreuve de confrontation avec le « soviétisme ». Sartre s'éloignera d'ailleurs du système de pensée communiste à la suite de l'invasion de la Tchécoslovaquie en 1968. Il se tournera alors vers le maoïsme.

Il reçut le **prix Nobel** de littérature en 1964, **qu'il refusa**.

Réponse 156

La réponse est B. ***René Barjavel*** (1911-1985) s'illustra comme auteur de science-fiction. Toutefois, il

Question 155

L'engagement politique et l'œuvre littéraire de Sartre se confondent souvent. À quelle occasion a-t-il écrit la *Critique de la raison dialectique* :

A. suite à l'entrée des Soviétiques en Hongrie, en 1956 ?

B. suite à l'invasion de la Tchécoslovaquie par les Soviétiques ?

C. en réponse à une lettre de Cocteau ?

Question 156

Dans quel genre Barjavel s'illustra-t-il :

A. dans le roman historique ?

B. dans le roman de science-fiction ?

C. dans le roman avant-gardiste ?

Question 157

Pourquoi Camus démissionna-t-il
du Parti communiste :

A. parce que le Parti communiste français n'avait pas soutenu les communistes grecs condamnés à mort ?

B. parce que le Parti communiste exigea sa démission, suite à un de ses écrits sur le christianisme ?

C. parce que les prises de position du parti envers les Arabes ne lui plurent pas ?

Question 158

Quel rapport existe-t-il entre Marguerite
Duras et le cinéaste Alain Resnais :

A. Alain Resnais a été son mari ?

B. Alain Resnais s'inspira d'un roman de Marguerite Duras pour réaliser un de ses films les plus célèbres ?

C. Marguerite Duras joua à plusieurs reprises un rôle dans les films d'Alain Resnais ?

inaugurait un nouveau genre jusqu'alors inconnu qu'on pourrait qualifier de « science-fiction poétique ». Ses romans se caractérisent, en effet, par **une poésie et une invitation au retour à la nature** inattendues dans ce genre de littérature, ce qui le rendra très populaire.

Son premier roman, *Ravage*, qui conte la fin de notre civilisation suite à la disparition de l'électricité, sera d'emblée un succès. Mais c'est surtout *La nuit des temps*, davantage un roman d'amour que de science-fiction, qui établira sa renommée.

Réponse 157

La réponse est C. **Albert Camus** (1913-1960) était un **écrivain très engagé**. Il démissionna du Parti communiste auquel il avait adhéré à l'âge de 22 ans en raison des prises de position du parti envers les Arabes.

Malgré sa démission du parti, son engagement ne se démentira pas par la suite. Résistant, défenseur des communistes grecs condamnés à mort, opposé à l'Espagne franquiste, il sera négociateur lors de la guerre d'Algérie, il clamera encore son indignation lors de l'invasion de la Hongrie par les chars soviétiques.

Il meurt en 1960 dans un accident

de voiture, alors qu'il avait reçu le **prix Nobel** de littérature trois ans plus tôt pour avoir « mis en lumière les problèmes se posant de nos jours à la conscience des hommes ».

Camus exprimait ses pensées à travers un style à la fois dépouillé et exigeant, tendant vers une neutralité absolue par rapport au sujet.

Réponse 158

La réponse est B. **Alain Resnais** s'inspira du roman de **Marguerite Duras** *Hiroshima mon amour* pour réaliser, en 1959, le film du même nom.

Les textes de Marguerite Duras (1914 - 1996), dont ce roman est une vibrante illustration, content toujours le même drame, celui de la **séparation entre les êtres**. Certains qualifient son écriture d'immobile et soulignent combien la raréfaction de son écriture est inversement proportionnelle à l'intensité de l'appel qu'elle lance : « J'aimerai quiconque entendra que je crie ». (*Les Mains négatives*, 1980).

Réponse 159

La réponse est C. **Raphaëlle Billetdoux** ne fait pas partie des nouveaux romanciers. Depuis 1971

Question 159

Lequel de ces auteurs ne fait pas partie du Nouveau roman :

A. Nathalie Sarraute ?

B. Michel Butor ?

C. Raphaëlle Billetdoux ?

Alain Resnais

Question 160

De quelle originalité a fait preuve Michel Tournier en réécrivant le *Robinson Crusoé* de Defoe, sous le titre *Vendredi ou les Limbes du Pacifique* :

A. plutôt que de situer l'action sur une île, tout le récit se passe sur un radeau ?

B. l'auteur a renversé la philosophie de vie : Robinson, sous l'influence de Vendredi, s'adapte à la nature et ne cherche plus à la maîtriser ?

C. Vendredi est le seul personnage du récit ?

Michel Tournier

(colloque de Cériny-la-Salle), outre Nathalie Sarraute et Alain Robbe-Grillet, **seuls cinq autres écrivains** auteurs de « nouveaux romans » ont droit au titre de « **nouveaux romanciers** ». Michel Butor (1926), Claude Ollier (1923), Robert Pinget (1919), Claude Simon (1913) et Jean Ricardou (1932) sont les nouveaux romanciers.

Réponse 160

La réponse est B. *Vendredi ou les Limbes du Pacifique* démarre sous les mêmes auspices que le *Robinson Crusoé* de **Defoe** mais rapidement le récit subit une orientation radicalement différente. Vendredi, de serviteur docile, passe rapidement à l'état d'initiateur d'un Robinson qui apprend progressivement à vivre en accord avec la nature et non à lutter contre elle. Ce changement de philosophie de vie fait toute la richesse du livre et démontre une fois de plus qu'un même thème peut donner lieu à des développements parfois radicalement opposés tout en gardant une fraîcheur intacte.

Michel Tournier (1924-) a reçu pour son livre le grand prix du roman de l'Académie française et par la suite le **prix Goncourt** à l'unanimité pour son roman *Le Roi des aulnes*.

Chapitre 4 :
Théâtre

Réponse 161

La réponse est B. En 1645, les dettes accumulées par la troupe de **Molière** (pseudonyme de **Jean-Baptiste Poquelin**; 1622-1673) le conduisirent en prison pour vingt-quatre heures. C'est en 1643 que Molière avait fondé sa troupe de théâtre avec la famille **Béjart**. Toutefois, les débuts parisiens de la troupe se soldèrent par un échec. Armande Béjart épousa Molière en 1662.

Ce n'est qu'à partir de 1665 que Louis XIV lui fera verser une rente annuelle de 6.000 livres.

Réponse 162

La réponse est B. Sans avoir vu la pièce *Tartuffe*, la **Cabale des dévots**, également connue comme la **Compagnie du Saint-Sacrement**, se ligua contre Molière pour interdire la pièce. Grâce à leurs influences, ces dévots parvinrent à faire interdire la pièce pendant cinq ans, le temps que **Louis XIV**, souvent indisposé par leurs intrigues, parvienne à démanteler cette congrégation. Ce n'est donc qu'en 1669, après la dispersion des membres de la Cabale, que la pièce put enfin être jouée. Avant de donner son autorisation, Louis XIV s'était cependant assuré que l'ordonnance de l'archevêque de Paris

Question 161

Que valurent à Molière ses premières expériences théâtrales :

A. Une rente royale annuelle de 6.000 livres ?

B. Un séjour en prison pour dettes ?

C. Une place enviée à la cour de Versailles ?

Question 162

Pour quelles raisons la pièce Tartuffe de Molière fut-elle interdite par Louis XIV :

A. Le sujet de la pièce fut perçu comme une offense à la personne royale ?

B. La Cabale des dévots se ligua contre Molière pour interdire la pièce ?

C. Dans sa pièce précédente, *La Princesse d'Élide*, Molière avait offensé le roi, qui se vengea en interdisant pendant cinq ans la représentation de *Tartuffe* ?

Question 163

À part l'écriture, quelle était l'autre vocation de Bossuet :

A. Il était évêque ?
B. Il aurait voulu composer des opéras ?
C. Il était également acteur de théâtre ?

Question 164

Quel événement brouilla à jamais Racine et Molière :

A. Racine intrigua contre Molière pour obtenir la direction du théâtre du Palais royal ?
B. Racine donna la représentation de sa pièce *Alexandre le Grand* à la troupe rivale du théâtre du Palais royal, l'Hôtel de Bourgogne ?
C. Racine remplaça Molière dans les faveurs d'une dame de la cour ?

faisant défense à quiconque de voir la pièce pouvait être annulée par une décision du roi.

Le thème de *Tartuffe* était un réquisitoire contre les faux dévots, qui, hypocrites, tentaient de dépouiller les honnêtes gens.

Réponse 163

La réponse est A. **La religiosité de Bossuet** (1627-1704) est un trait fondamental du personnage. Sa vie est marquée par ses croyances et cela se reflète de manière constante dans ses écrits mais aussi dans la conviction qu'il met à faire respecter l'Église. *L'Exposition de la doctrine de l'Église catholique* est son livre le plus vendu et emportera la conversion au catholicisme de Henri de Turenne, maréchal de France, lequel était protestant avant sa conversion. Mais avant tout, Bossuet reste célèbre pour ses *Sermons* (1659-1662) et ses *Oraisons funèbres* (1667-1687) où il fait appel à la charité et à la justice tant humaine que divine.

Bossuet s'opposa au théâtre sur la fin de sa vie. En 1694, il fit paraître les *Maximes et réflexions sur la comédie* où **il s'oppose à la dépravation des mœurs contenue dans les pièces de théâtre.**

Réponse 164

La réponse est B. *Jean Racine* (1639-1699), après quatre représentations seulement, donna sa pièce *Alexandre le Grand* à **l'Hôtel de Bourgogne**, troupe de théâtre qui n'appréciait guère Molière. Cette troupe avait, en de nombreuses occasions, intrigué contre **Molière** et leur rivalité était bien connue. L'acte posé par Racine représentait donc un réel camouflet à l'égard de Molière.

Réponse 165

La réponse est B. La pièce d'*Euripide* met en scène **un plus grand nombre de personnages** que celle de **Racine**. Alors que la tragédie de Racine met en scène quatre personnages principaux (Andromaque, Hermione, Pyrrhus et Oreste), celle d'Euripide nous enfonce dans l'ensemble de la trame grecque où les personnages héroïques abondent. Dans la pièce d'Euripide, Andromaque échappe à la mort, tandis que dans la pièce de Racine, Andromaque se suicide sur le corps de Pyrrhus, l'amant infidèle.

Réponse 166

La réponse est C. *Corneille* (1606-1684) était déjà licencié en droit à 18 ans. À 22 ans, son père lui acheta l'**office d'avocat du roi** au siège

Question 165

Quelle différence existe-t-il entre l'*Andromaque* d'Euripide et celle de Racine :

A. Les deux pièces mettent en scène les mêmes personnages et racontent la même intrigue, seuls les dialogues changent ?

B. Alors que dans la pièce d'Euripide Andromaque ne meurt pas, par contre, elle meurt sur le corps de Pyrrhus dans la pièce de Racine ?

C. L'intrigue de la pièce de Racine met en scène beaucoup plus de personnages que celle d'Euripide ?

Question 166

Conjointement à ses travaux littéraires, quel métier exerça Corneille :

A. Il avait une charge d'homme d'Eglise ?

B. Il travailla comme fonctionnaire de l'Etat ?

C. Il avait un office d'avocat du roi ?

Question 167

Comment se termine *Le Cid* de Corneille :

A. Le Cid épouse Chimène ?

B. Le Cid meurt au cours du combat contre les Sarrazins et Chimène se suicide en apprenant la nouvelle ?

C. Le Cid meurt au cours du combat singulier qui l'oppose à Don Sanche ?

Question 168

Sous Louis XIV, quelle fut l'intervention marquante de Colbert à l'égard du théâtre :

A. Il favorisa les troupes de théâtre en leur attribuant des rentes annuelles ?

B. Il fit interdire toutes les représentations théâtrales qui offensaient de près ou de loin la personne royale ?

C. Il mit au point un système de gratifications et de pensions pour les gens de lettres ?

Question 169

Quelle est l'origine du théâtre :

A. Le théâtre est à l'origine une forme d'expression populaire grecque ?

B. L'origine du théâtre est liée aux rites dédiés au dieu Dionysos ?

des Eaux et Forêts et à l'Amirauté de Rouen. Il exerça conjointement ses tâches durant plus de vingt ans. Sa pièce la plus connue et la plus populaire reste incontestablement *Le Cid*.

N.B. : L'office, charge juridictionnelle, dont le titulaire était depuis le XVe siècle inamovible, pouvait être vendu mais devint héréditaire en 1604. Le système des offices fut aboli le 4 août 1789.

Réponse 167

La réponse est A. La fin de la pièce de **Corneille** est heureuse puisque **le Cid épouse Chimène**. Dans cette pièce jouée pour la première fois en 1636, Corneille s'inspire du drame de Guillén de Castro (1569-1631) relatant une part de la vie de Ruy Diaz de Bivar, dit le Cid. L'intrigue de Castro est la même que celle qu'utilisera Corneille près de vingt ans plus tard lorsque le Cid épousera la femme dont il a tué le père.

Réponse 168

La réponse est C. **Colbert** contribua largement à améliorer le sort des auteurs de théâtre, et plus largement des gens de lettres en leur **assurant des gratifications et une pension** qui leur permettaient de vivre plus aisément. Toutefois, les largesses de l'Etat étaient fonction

de l'aptitude des gens de lettres à louer le règne de Louis XIV. Ceci évita par exemple à Racine de devoir obtenir un bénéfice ecclésiastique pour pouvoir vivre tout en écrivant.

Réponse 169

La réponse est B. **L'origine du théâtre** est liée aux festivités consacrées à **Dionysos**, dieu de l'agriculture, du vin et de l'ivresse, fils de Zeus. Les cantiques chantés et dansés en son honneur se déroulent sur une aire composée de gradins et d'une scène de planches. Les choristes sont déguisés en satyres. Ce sera le prélude à l'épanouissement de l'époque classique en Grèce.

Réponse 170

La réponse est A. Les **acteurs du théâtre grec étaient tous des hommes**. Ils étaient tous professionnels et jouissaient d'une aura considérable. Ils étaient vêtus de costumes conventionnels qui permettaient d'identifier au premier coup d'œil le personnage interprété.

Réponse 171

La réponse est C. La **commedia dell'arte** n'est pas, à proprement parler, du théâtre d'auteur mais

C. L'origine du théâtre remonte aux danses rituelles chantées qui évoquaient les épopées des rois mésopotamiens ?

Question 170

Quelle était l'une des caractéristiques majeures du théâtre grec :

A. Les acteurs étaient tous des hommes. Ils changeaient de masques et de costumes en fonction des rôles à interpréter ?

B. Les pièces étaient uniquement chantées ?

C. Les acteurs provenaient des basses classes de la population et étaient assez mal considérés ?

Question 171

Quelle est la grande caractéristique de la commedia dell'arte :

A. C'est principalement du théâtre d'auteur ?

B. Le canevas d'une pièce de la commedia dell'arte n'offre guère de place à l'improvisation ?

C. C'est une composition collective de la troupe à partir de personnages de convention ?

Question 172

D'où nous vient le masque de Polichinelle :

A. À l'origine, c'est un masque grec qui représente le rôle du comique ?

B. L'origine de Polichinelle et de son masque est française ?

C. Polichinelle est un personnage de la commedia dell'arte et son masque est d'origine napolitaine ?

Question 173

Quel était l'un des thèmes de prédilection du théâtre élisabéthain :

A. La vengeance ?

B. L'amour ?

C. Le nationalisme ?

plus une **composition collective de la troupe**, avec une part d'improvisation. Chaque acteur improvise en tenant compte des caractéristiques de son personnage. La pantomime et l'acrobatie font partie intégrante de cette forme théâtrale italienne qui vit le jour au milieu du XVIe siècle.

Les troupes italiennes les plus célèbres du XVIe siècle furent celles des Gelosi (Jaloux), des Desiosi (Désireux), des Confidenti (Confidents) et des Uniti (Unis).

Réponse 172

La réponse est C. *Polichinelle* est un personnage de la **commedia dell'arte**. Son masque est d'origine napolitaine et a été créé au XVIe siècle par Silvio Fiorillo et Coviello, tous deux originaires des Abruzzes.

La commedia dell'arte, née en Italie au milieu du XVIe siècle, a pour personnages principaux : Arlequin, Pierrot, Colombine, le Docteur, Polichinelle et Pantalon. Les premières troupes apparaissent en Italie à partir de 1545.

Réponse 173

La réponse est A. Au sein d'une heureuse diversité, les **thèmes de la vengeance et de la violence** formeront une des constantes fonda-

mentales du **théâtre élisabéthain**. Parmi les nombreux auteurs (*George Peele, Christopher Marlowe, Francis Bacon*, etc.) qui contribuèrent à la gloire du genre, une figure domine, celle de **William Shakespeare**.

Le théâtre élisabéthain marque un **renouveau théâtral en Angleterre**. Plus de 1.000 pièces différentes sont enregistrées entre 1580 et 1642 et, alors qu'il ne restait plus qu'un seul théâtre à Londres en 1576, il y en aura 18 en 1603 à la mort d'Elisabeth Ire.

Réponse 174

La réponse est C. *Hernani* symbolisa pour un temps **la victoire des romantiques sur les classiques** (abandon de la règle des trois unités : fusion des temps et des genres, sujets modernes). La première de la pièce donna lieu à un véritable affrontement qu'on appela « **La bataille d'Hernani** » (1830). La fronde des jeunes auteurs et artistes romantiques conduite par Théophile Gautier en profita pour se lancer dans une violente diatribe contre les bourgeois sclérosés.

Question 174

Que symbolisa en son temps la pièce *Hernani* de Victor Hugo :

A. Une ode à la démocratisation ; Hernani, le proscrit, épouse la belle Dona Sol ?

B. Le renouveau du théâtre dramatique ?

C. Une nouvelle vision du théâtre et la victoire des romantiques sur les classiques ?

Victor Hugo
Hernani

« Qu'une idée, au besoin des temps, un jour éclose,
elle grandit, va, court, se mêle à toute chose,
se fait homme, saisit les cœurs, creuse un sillon ;
Maint roi la foule aux pieds ou lui met un bâillon ;
mais qu'elle entre un matin à la diète, au conclave,
et tous les rois soudain verront l'idée esclave,
sur leurs têtes de rois que ses pieds courberont,
surgir, le globe en main, ou la tiare au front !
Le pape et l'empereur sont tout. Rien n'est sur terre
que par eux et pour eux. Un suprême mystère
vit en eux, et le ciel, dont ils ont tous les droits,
leur fait un grand festin des peuples et des rois.
Le monde, au-dessous d'eux, s'échelonne et se groupe.
Ils font et défont. L'un délie et l'autre coupe.
L'un est la vérité, l'autre est la force. Ils ont leur raison
en eux-mêmes, et sont parce qu'ils sont.
Quand ils sortent, tous deux égaux, du sanctuaire,
l'un dans sa pourpre, et l'autre avec son blanc suaire,
l'univers ébloui contemple avec terreur ces deux moitiés
de Dieu, le pape et l'empereur !
L'empereur ! l'empereur ! être empereur ! — ô rage,
ne pas l'être — et sentir son cœur plein de courage !
Qu'il fut heureux celui qui dort dans ce tombeau,
qu'il fut grand ! De son temps c'était encore plus beau ! »
(Extrait : Acte IV, Scène II)

Question 175

Pourquoi Voltaire séjourna-t-il un temps
à la Bastille :

A. Ses opinions religieuses choquèrent fort la
cour et le cardinal de Rohan l'envoya à la
Bastille ?

B. Par précaution, le cardinal de Rohan embas-
tilla Voltaire pour lui éviter de rencontrer en
duel un triste sire qui l'avait fait bastonner ?

C. Partisan du régime parlementaire anglais,
Voltaire fut envoyé à la Bastille avant de devoir
émigrer en Angleterre ?

Question 176

Quel problème connurent les publications
des œuvres de Shakespeare :

A. Shakespeare ne laissa aucune version originale de ses œuvres ?

B. L'œuvre complète de Shakespeare brûla entièrement en 1627 ?

C. Shakespeare fut confronté à des publications
pirates incomplètes de ses œuvres ?

Réponse 175

La réponse est B. C'est pour éviter
que *Voltaire* ne se batte en duel
que le cardinal de Rohan le fit
emprisonner. Voltaire, conscient
de sa valeur et esprit frondeur,
s'était querellé avec le chevalier de
Rohan au cours d'une représentation. Par la suite, ce triste sire, ne
désirant pas s'abaisser à se battre
en duel avec un roturier, **fit bastonner Voltaire** à la porte de l'hôtel
de Sully. Voltaire voulut provoquer
en duel l'odieux personnage.
C'est là qu'intervint le cardinal de
Rohan en embastillant Voltaire. Ce
dernier ne put sortir de la Bastille
qu'à la condition de s'expatrier
vers l'Angleterre. Là-bas, il fut
émerveillé par la stature intellectuelle des ennemis traditionnels
de la France. Il revint au pays en
1728. Devenu auteur subversif à la
suite des *Lettres philosophiques*
écrites en Angleterre, il dut s'expatrier une nouvelle fois en Hollande
pour ne pas subir les foudres
royales.

Réponse 176

La réponse est C. La publication
des œuvres de *Shakespeare* (1564-
1616) se fit sans surveillance et
donna lieu à une série de **publications pirates** par un groupe d'édi-
teurs sans scrupule. Le problème
de ces publications venait du fait
que les pièces publiées l'étaient à

partir de notes prises pendant les représentations. En 1619, Thomas Pavier publia une dizaine de drames sans autorisation.

L'identité et la vie de William Shakespeare ont donné lieu à de nombreuses conjectures. Certains affirment que **Shakespeare n'était qu'un prête-nom** pour des auteurs comme Christopher Marlowe ou Francis Bacon. Les raisons de ces attaques sont à trouver dans la platitude de la biographie de Shakespeare lui-même qui n'offre vraiment rien d'extraordinaire pour un auteur qui fit rapidement partie du panthéon des auteurs classiques. D'autre part, on y voit aussi l'incompréhension manifeste de ceux qui ne pouvaient percevoir le génie de celui qui ignora les préjugés de caste et les interdits qui en découlent.

La légende se mêla donc rapidement à la réalité. On sait cependant qu'il était fils d'un notable prospère qui se ruina rapidement et qu'il épousa à 18 ans une femme, Anne Hathaway, de huit ans son aînée. Il semblerait qu'il soit mort à la suite d'un banquet auquel participait également un de ses amis écrivains, Ben Jonson. Ses tragédies : *Richard III* (1592-1593), *Roméo et Juliette* (1594-1595), *Hamlet* (1600), *Le Roi Lear* (1606), *Macbeth* (1605), font encore aujourd'hui l'admiration d'un public innombrable.

William Shakespeare
Hamlet

« Être ou ne pas être, c'est là la question. Y a-t-il plus de noblesse d'âme à subir la fronde et les flèches de la fortune outrageante ou bien à s'armer contre une mer de douleurs et à l'arrêter par une révolte ? Mourir, dormir, rien de plus... et dire que par ce sommeil nous mettons fin aux maux du cœur et aux mille tortures naturelles qui sont le legs de la chair : c'est là un dénouement qu'on doit souhaiter avec ferveur. Mourir, dormir, dormir ! Peut-être rêver ! Oui, là est l'embarras. Car quels rêves peut-il nous venir dans ce sommeil de la mort, quand nous sommes débarrassés de l'étreinte de cette vie ? Voilà qui doit nous arrêter. C'est cette réflexion-là qui nous vaut la calamité d'une si longue existence. Qui, en effet, voudrait supporter les flagellations et les dédains du monde, l'injure de l'oppresseur, l'humiliation de la pauvreté, les angoisses de l'amour méprisé, les lenteurs de la loi, l'insolence du pouvoir, et les rebuffades que le mérite résigné reçoit d'hommes indignes, s'il pouvait en être quitte avec un simple poinçon ? Qui voudrait porter ces fardeaux, grogner et suer sous une vie accablante, si la crainte de quelque chose après la mort, de cette région inexplorée, d'où nul voyageur ne revient, ne troublait la volonté, et ne nous faisait supporter les maux que nous avons par peur de nous lancer dans ceux que nous ne connaissons pas ? Ainsi la conscience fait de nous tous des lâches ; ainsi les couleurs natives de la résolution blêmissent sous les pâles reflets de la pensée ; ainsi les entreprises les plus énergiques et les plus importantes se détournent de leur cours, à cette idée, et perdent le nom d'action... Doucement, maintenant ! Voici la belle Ophélia... Nymphe, dans tes oraisons souviens-toi de tous mes péchés. »

(Traduction de François-Victor Hugo.

Extrait, Acte III, scène I)

Question 177

Quelle est la raison pour laquelle Bertolt Brecht entama, à partir de 1933, un périple qui le mena successivement en France, au Danemark, en Finlande, en Union soviétique puis aux État-Unis :

A. Son succès théâtral devint tel qu'il entama une tournée mondiale avec la troupe du Berliner-Ensemble qu'il avait créée ?

B. La représentation et la diffusion de ses œuvres furent interdites en Allemagne ?

C. Il n'y avait aucune raison particulière à son voyage. B. Brecht aimait les voyages et en profita pour faire connaître son œuvre à l'étranger ?

Question 178

Sophocle est sans doute le plus grand auteur tragique de l'Antiquité grecque ; quel autre rôle eut-il aussi à jouer :

A. Il renouvela complètement le genre de la comédie ?

B. Il permit à Euripide de s'imposer ?

C. Il fut nommé membre d'un comité de salut public qui sortit Athènes du désastre dû à la défaite de son corps expéditionnaire en Sicile ?

Réponse 177

La réponse est B. **Bertolt Brecht** (1898-1956) était un **adversaire du régime nazi**. En 1933, il dut prendre le chemin de l'exil, le lendemain de l'incendie du Reichstag, à la suite de l'interdiction de la représentation et de la diffusion de ses œuvres. Il ne put regagner son pays qu'en 1946. Jugé indésirable en Allemagne occidentale, il prit la nationalité autrichienne en 1948 et s'établit à Berlin-Est où sa femme et lui dirigèrent **leur propre troupe** : **le Berliner-Ensemble**.

Mais Brecht est aussi un auteur en proie à de sombres contradictions. En effet, après avoir condamné le nazisme, il soutint le régime de Walter Ulbricht lors du soulèvement ouvrier du 17 juin 1953.

Parmi ses pièces les plus célèbres, on peut citer : *Mère Courage et ses deux enfants* (1938), *La Résistible Ascension d'Arturo Ui* (1941), *la Vie de Galilée* (1947), et surtout *L'Opéra de quat'sous* (1928).

Réponse 178

La réponse est C. La **guerre du Péloponnèse** était en train de ruiner Athènes et la défaite du corps expéditionnaire athénien de Nicias en Sicile rendit la situation tragique (413 av. J.-C.). C'est à cette occasion que **Sophocle** fut nommé **membre d'un comité de salut public**.

Réponse 179

La réponse est C. **Ionesco** (1912-1994) utilisa le couple comme centre du drame burlesque.

Le parcours d'Eugène Ionesco est quelque peu chaotique. Il ne se met à l'écriture qu'à l'âge de trente ans, sans espoir de voir ses œuvres jouées. De fait, pendant dix ans, il ne connut que les salles avant-gardistes.

La reconnaissance fut tardive mais élogieuse. *La Cantatrice chauve* (1949), qui fut un échec à sa création au théâtre des Noctambules, est, depuis, jouée sans discontinuité au théâtre de la Huchette à Paris.

Eugène Ionesco fut élu à l'**Académie française** vingt ans après la création de cette pièce.

Réponse 180

La réponse est A. **Jean Anouilh** fut effectivement le secrétaire de **Louis Jouvet**. Mais il semble qu'ils **ne s'entendirent guère**. C'est indirectement Louis Jouvet qui contribua à l'épanouissement de la vocation de Jean Anouilh pour le théâtre. En effet, c'est lorsque Jean Anouilh vit Louis Jouvet interpréter le *Siegfried* de Jean Giraudoux à la Comédie des Champs-Élysées que sa vocation se confirma.

Question 179

Quel était le thème le plus souvent utilisé par Ionesco dans ses premières pièces :

A. L'anticommunisme ?

B. L'abstraction ?

C. Le couple ?

Question 180

Quelle fut la relation entre Louis Jouvet et Jean Anouilh :

A. Jean Anouilh était le secrétaire de Louis Jouvet ?

B. Louis Jouvet était un ami intime de Jean Anouilh. Il lui donna son goût pour le théâtre ?

C. Louis Jouvet fut le premier interprète d'une pièce d'Anouilh ?

Jean Anouilh

Chapitre 5 :
Peinture

Réponse 181

La réponse est C. **Giacomo Balla** (1871-1958) est un peintre du XXᵉ siècle. Il ne s'intéressa nullement à saint Sébastien, étant donné qu'il était un **pionnier du futurisme**. Au XVᵉ siècle, le **thème de saint Sébastien** était très en vogue. Il servait sans doute de prétexte aux artistes pour exécuter des études de nus.

Réponse 182

La réponse est A. C'est **Louis David** (1748-1825) qui a peint cette toile célèbre. Remarquable par ses œuvres, il eut aussi une vie très agitée. Membre de la Convention et ami de Robespierre, il est condamné pour haute trahison à la mort de ce dernier. Emprisonné à deux reprises, il s'en tira sain et sauf. En 1797, il fit la rencontre de Bonaparte, dont il fit le portrait. Il fut nommé premier peintre de l'Empereur en 1804. **À la Restauration**, préférant éviter la froideur des geôles qu'il connaissait, **Louis David choisit l'exil** vers la Belgique où il fut accueilli avec enthousiasme.

Réponse 183

La réponse est C. **Juan Miro** (1893-1983) n'a jamais exploité ce thème tandis que **Martin Schongauer** (1450-1491), peintre mystique rhénan, en fit une représentation

---

Question 181

Le pauvre saint Sébastien criblé de flèches inspira beaucoup de peintres de la Renaissance. Un seul de ces trois peintres ne l'a pas représenté ; lequel :

A. Antonello de Messine ?

B. Andrea Mantegna ?

C. Giacomo Balla ?

Question 182

Qui a peint *L'Enlèvement des Sabines* :

A. Louis David ?

B. Albrecht Dürer ?

C. Eugène Delacroix ?

Question 183

Parmi ces trois peintres, quel est celui qui ne représenta pas *La Tentation de saint Antoine* :

A. Martin Schongauer ?

B. James Ensor ?

C. Juan Miro ?

Question 184

Parmi ces 3 peintres, lequel n'a pas aidé à la décoration de la chapelle Sixtine :

A. Sandro Botticelli ?

B. Raphaël ?

C. Michel-Ange ?

Question 185

Pour différentes raisons, il est aujourd'hui difficile de connaître avec certitude le nombre de toiles peintes par certains artistes. Parmi ces trois peintres, qui est celui auquel on en attribue le moins :

A. le Titien ?

B. Dürer ?

C. Raphaël ?

d'une telle beauté que **Michel-Ange** l'aurait copiée. Martin Schongauer aura une influence prépondérante sur la plupart de ses compatriotes.

James Ensor (1860-1949) représenta également de nombreuses scènes religieuses, dont *La Tentation de saint Antoine*.

Réponse 184

La réponse est B. **Raphaël** (1483-1520) n'a pas participé à la décoration de la chapelle Sixtine mais s'est surtout consacré à la **décoration du palais du Saint-Siège** à Rome. Botticelli a participé à la décoration des murs latéraux tandis que Michel-Ange décora la voûte avant de peindre le *Jugement dernier* sur le mur du fond.

Réponse 185

La réponse est B. Les experts s'accordent pour attribuer **40 œuvres** certaines à **Albrecht Dürer** (1471-1528), **140 à Titien** (1488/89-1576) et environ **200 à Raphaël** (1483-1520). Le **problème de l'authenticité** est ardu, dans la mesure où l'usage de la signature sur les tableaux ne s'était pas encore répandu à l'époque. Les « faux » étaient en outre considérés par l'artiste copié comme une reconnaissance de

son talent et étaient largement acceptés comme tels.

Dans l'autre registre, celui des peintres les plus prolifiques, on peut mentionner Auguste Renoir qui a peint près de 6.000 toiles. Mais le record toutes catégories appartient à Pablo Picasso, auquel on attribue plus de 13.500 peintures, 100.000 lithos et gravures et environ 34.000 illustrations.

Réponse 186

La réponse est A. Seul **Vincent Van Gogh** ne l'a pas représenté. **Pablo Picasso** en a donné une version cubiste et **Paul Cézanne** dans son style propre l'a peint en 1899. Outre Picasso et Cézanne, ce sont également Renoir, Dufy, Bonnard et Rouault qui peignirent le portrait d'Ambroise Vollard.

Ambroise Vollard (1868-1939) était **marchand de peintures, écrivain et éditeur**. Il organisa les premières expositions de la plupart des grands peintres de l'époque.

Réponse 187

La réponse est B. *Le Radeau de la Méduse* fut peint par **Théodore Géricault** (1791-1824) en 1819 et se trouve actuellement au musée du Louvre. L'artiste se cloîtra littéralement pour réaliser cette œuvre au caractère monumental

Question 186

Le célèbre tableau *Le portrait d'Ambroise Vollard* a été peint par plusieurs peintres dans différents styles. Parmi ces trois peintres, qui ne l'a pas représenté :

A. Vincent Van Gogh ?

B. Pablo Picasso ?

C. Paul Cézanne ?

Question 187

Qui a peint *Le Radeau de la Méduse* :

A. Alexandre Decamps ?

B. Théodore Géricault ?

C. Pierre-Paul Rubens ?

Vincent Van Gogh

Question 188

Qu'était le Bateau-Lavoir
à la fin du siècle dernier :

A. une galerie d'expositions établie sur une péniche ?

B. un café où se réunissaient les peintres parisiens ?

C. un ensemble de bâtiments habités par de nombreux artistes ?

Question 189

D'où vient le mot « cubisme », terme représentant un mouvement de peinture :

A. du critique Vauxcelles, qui qualifia une œuvre de Braque de « peinture des cubes » ?

B. d'un choix commun de Picasso et Braque d'appeler ainsi le mouvement en train de naître ?

C. d'une appellation tardive donnée au mouvement (1912) et qui s'inspira naturellement du mode de représentation basé sur les formes cubiques ?

(491 x 716 cm). Elle fut exposée à Londres la même année, et fut considérée par certains comme un **manifeste de l'école romantique**, alors que d'autres y voyaient plutôt une composition classique.

Réponse 188

La réponse est C. Le **Bateau-Lavoir** était un **ensemble de bâtiments** situés à Montmartre et qui furent détruits en 1970. Cet endroit devint le centre culturel le plus actif de Paris au début du XXe siècle. De nombreux peintres y habitaient dont, entre autres, Pablo Picasso, Kees Van Dongen, Amedeo Modigliani et Juan Gris. Picasso y peignit les *Demoiselles d'Avignon* (1907).

Réponse 189

La réponse est A. Il semblerait que ce soit le critique *Vauxcelles* qui, par son commentaire, donna son nom au **cubisme**. Certaines sources attribuent la paternité de ce nom à Matisse.

Outre Picasso et Braque, les grands représentants du cubisme sont, entre autres, Juan Gris, Fernand Léger, André Derain, Raoul Dufy, Jacques Villon, Albert Gleizes et Jean Metzinger.

Réponse 190

La réponse est B. Le mouvement des **Préraphaélites** fut fondé en 1848 notamment par Rossetti, Millais et Homan Hunt, **élèves à la Royal Academy**. Ils prônaient un **retour au classicisme qui était en vogue avant Raphaël**. Le préraphaélisme attira de nombreux adeptes parmi les peintres d'importance secondaire, alors que les fondateurs du mouvement, sauf Hunt, s'écartèrent de l'idée directrice de ce mouvement. Si bien que Hunt se retrouva isolé dès 1860. Paradoxalement, ce sont les peintures mystiques et l'œuvre de Rossetti, assez éloignées de l'idée d'origine, qui représentèrent le préraphaélisme.

Réponse 191

La réponse est A. La toile *Impression, soleil levant* de **Monet** suscita un commentaire du **critique Leroy**, qui créa ce terme « **impressionnisme** » par dérision.

Réponse 192

La réponse est A. Le **suprématisme** tend à l'**abstraction géométrique** et utilise le cercle, le rectangle et le triangle comme éléments de base. Le terme « suprématisme » fut utilisé pour la première fois par le peintre russe **Malevitch** (1878-

Question 190

Qui étaient les Préraphaélites :

A. tout simplement les peintres qui ont vécu avant Raphaël ?

B. un mouvement formé en 1848 par huit étudiants de la Royal Academy ?

C. l'ensemble des peintres de la Renaissance italienne qui, avant Raphaël, représentaient les tableaux de dévotion de manière simple, naturelle et détendue ?

Question 191

D'où naquit le terme « impressionnisme » :

A. d'un commentaire ironique fait par un critique à propos d'un tableau de Monet ?

B. du titre d'une toile de Manet intitulée *Impressionnisme et couchant* ?

C. d'une boutade lancée par Ambroise Vollard à Monet : « Ce n'est plus de la peinture, mais cela en donne l'impression » ?

Question 192

À quel mouvement de peinture correspond le suprématisme :

A. au mouvement qui tente de parvenir à l'abstraction géométrique ?

B. au mouvement qui, vers 1950, reproduisait la réalité avec un souci méticuleux du détail ?

C. au mouvement qui accentue les volumes dans les œuvres d'art figuratives ?

Question 193

L'art nouveau ne s'apparente pas à l'une des trois appellations suivantes. Laquelle :

A. l'art déco ?

B. le modern style ?

C. l'art conceptuel ?

Question 194

Quel a été l'apport essentiel de l'école de peinture russe au début du XXᵉ siècle :

A. l'accentuation de l'aspect radical des réformes proposées par les autres peintres (non russes) pour en arriver à l'abstraction ?

B. la naissance du mouvement divisionniste ?

C. la création d'un système de représentation de notions abstraites par le moyen d'images ?

1935). Des peintres tels que Pougny, Menkov ou Klioun, peu connus en France, firent partie de ce mouvement.

Réponse 193

La réponse est C. L'**art nouveau** ne correspond pas à l'**art conceptuel**, qui naît en 1967 seulement.

Les artistes qui se réfèrent à l'art conceptuel considèrent que l'important n'est pas ce qui est formel ou subjectif dans l'art mais bien sa signification. Le langage se substitue dès lors à l'œuvre peinte et les œuvres se présentent sous forme de petits livres ou de textes illustrés de photos.

L'**art nouveau** est en France et en Belgique ce que le modern style est en Angleterre. Ces divers mouvements se caractérisent par une **recherche décorative et plus particulièrement florale**.

L'art nouveau prend réellement naissance en Belgique, en 1881, grâce à **Victor Horta** et **Henri Van de Velde** qui créent la revue L'Art moderne. Il se répand en France en 1895 avec la création de la section des « Arts décoratifs ».

Réponse 194

La réponse est A. C'est, en effet, l'**art abstrait** qui est l'apport le plus important de la **peinture russe** du

début de ce siècle. Parmi les représentants les plus importants de ce mouvement, lui-même subdivisé en diverses approches, citons Malevitch (suprématisme), Rodchenko (non-objectivisme, constructivisme), Kandinsky, Kubin et Burliuk.

La création d'un système de représentation de notions abstraites par le moyen d'images est la caractéristique des symbolistes.

Réponse 195

La réponse est B. C'est grâce aux **lampes-torches fournies à l'entrée que l'on pouvait admirer les toiles**. Cette exposition, organisée par André Breton et Paul Éluard, se déroula dans la Galerie des Beaux-Arts, au 140 rue du Faubourg Saint-Honoré et vit la reconnaissance officielle en France du **surréalisme**. Max Ernst en fut l'une des principales figures.

Réponse 196

La réponse est A. Une **fresque** est une **peinture murale** exécutée avec des couleurs détrempées sur une surface de mortier frais à laquelle elles s'incorporent. Cette technique n'est réellement mentionnée qu'en 1437. La fresque se distingue de la peinture *a-seco* qui utilise des pigments qui sont

Question 195

L'Exposition internationale du surréalisme de 1938 qui se déroula à Paris restera dans les mémoires à plus d'un titre. Elle présentait notamment un aspect insolite. Lequel :

A. les toiles étaient disposées sur le sol et ne pouvaient être admirées que d'une galerie en surplomb ?

B. les visiteurs étaient plongés dans l'obscurité et ne pouvaient voir les toiles que grâce à des lampes de poche fournies à l'entrée ?

C. un ruisseau artificiel avait été construit dans la galerie et la découverte des toiles se faisait en bateau ?

Question 196

À quel type de peinture murale appartient la fresque :

A. à la peinture murale exécutée avec des couleurs détrempées sur une surface de mortier frais ?

B. à la peinture murale basée sur l'utilisation de pigments incorporés à du plâtre sec ?

C. à la peinture murale qui représente une épopée ?

Question 197

Comment se mesure le format d'un tableau :

- A. en pouce carré ?
- B. en point ?
- C. en cm² ?

Question 198

À partir de quelle époque se répand l'usage de la signature sur les tableaux :

- A. à partir du XVIᵉ siècle ?
- B. à partir du XVIIᵉ siècle ?
- C. à partir du XVIIIᵉ siècle ?

Question 199

Quel peintre tenta le premier d'enrayer la vague de faux en laissant un double dessiné de tous ses tableaux :

- A. Claude Lorrain ?
- B. Joseph Turner ?
- C. Pietro della Vecchia ?

incorporés à du plâtre sec grâce à un liant (l'œuf, la colle ou l'huile).

Réponse 197

La réponse est B. **Un tableau se mesure en points**. L'échelle des points usuelle commence à 0 et progresse en fonction des dimensions des tableaux. Selon le type de peinture, le format pour un même point varie quelque peu. Une peinture marine vaut 0 point pour un format 18x14, les figures valent 0 point pour un format 18x12 et les paysages valent 0 point mais pour un format 18x10 seulement.

Réponse 198

La réponse est B. **L'usage de la signature** sur les tableaux se répand **à partir du XVIIᵉ siècle** et est d'usage courant à partir du XVIIIᵉ siècle. On retrouve cependant des traces de tableaux signés dès le XIIIᵉ siècle en Italie mais, de manière générale, les peintres italiens signent moins leurs tableaux que leurs homologues néerlandais, flamands ou français. La signature se répand principalement pour faciliter l'authentification des tableaux.

Réponse 199

La réponse est A. *Claude Lorrain* (1600-1682) fut le premier à utiliser

cette technique qui fut reprise par **Turner**. Quant à **Pietro della Vecchia** (XVIIᵉ), il fut **l'un des plus grands faussaires** de son temps et peignit notamment de faux Giorgione et de faux Titien.

Réponse 200

La réponse est A. La **sanguine** est faite à base d'**oxyde ferrique** et existe sous forme de poudre, de plaque ou de bâtonnet. Cette technique apparaît au XIVᵉ siècle et fut utilisée pour dessiner les esquisses préalables aux fresques. Elle devint, en raison de sa luminosité, la technique de dessin académique la plus en faveur au XVIIIᵉ siècle pour exécuter les portraits et les nus. L'une des sanguines les plus célèbres est, sans conteste, l'autoportrait *Léonard par lui-même*, de Léonard de Vinci.

Réponse 201

La réponse est B. Un **retable** est la **partie postérieure de l'autel**, alliance entre la construction et la peinture. Souvent, les retables représentent la Vierge ou d'autres saints (plus particulièrement en Italie). Un des retables les plus connus est sans doute *L'agneau mystique* de Jan Van Eyck.

Question 200

La sanguine est une technique de représentation picturale. Quels ingrédients entrent dans sa composition :

A. de l'oxyde ferrique ?

B. des couleurs fabriquées à base de sang séché de bovidés ?

C. des couleurs fabriquées à base d'extraits de pétales de coquelicot ?

Question 201

Que désigne le mot « retable » :

A. un panneau simple en bois dont la Vierge est l'image centrale ?

B. la partie postérieure et décorée d'un autel, qu'il s'agisse de l'ensemble de la construction ou d'un panneau simple ?

C. une peinture sur bois illustrant des scènes bibliques ?

Du XVe siècle au XVIIIe siècle

Question 202

De qui Botticelli fut-il le protégé :

A. de François 1er ?

B. de Laurent (de Médicis) le Magnifique ?

C. du pape Paul III ?

Question 203

Qui a servi de modèle dans l'*Adoration des Mages* de Botticelli :

A. les membres de sa famille ?

B. les Visconti ?

C. les Médicis ?

Question 204

Quelle est l'une des caractéristiques majeures des œuvres de Jérôme Bosch :

A. il représentait des monstres, même dans ses toiles à thème religieux ?

B. il utilisait une palette basée uniquement sur 3 couleurs ?

C. il peignait uniquement sur bois ?

Réponse 202

La réponse est B. **Sandro Botticelli** (1445-1510) fut le **protégé de Laurent de Médicis** et fut très affecté par la mort de ce dernier. Cette mort provoqua en outre une perte d'influence du peintre. Quant à Paul III, il fut le protecteur de Michel-Ange, à qui il avait notamment commandé la peinture du *Jugement dernier* de la chapelle Sixtine. Enfin, François 1er était l'ami et protecteur de Léonard de Vinci, à qui il acheta d'ailleurs la *Joconde*.

Réponse 203

La réponse est C. **Sandro Botticelli** (1445-1510) faisait partie de l'entourage des **Médicis** et ceux-ci servirent de modèles, ainsi que leur suite, aux **personnages du cortège sacré**. Botticelli s'est représenté lui-même à l'extrême-droite du tableau.

Réponse 204

La réponse est A. **Jérôme Bosch** (1450-1516) introduisait des monstres ou, à tout le moins, des **thèmes fantastiques dans la plupart de ses toiles**. Son œuvre reste encore très énigmatique. *La Tentation de saint Antoine* fascina énormément Flaubert.

La thèse de **Fraenger** qui analyse

la peinture de Jérôme Bosch a eu quelque temps beaucoup de succès auprès du public. Selon lui, Jérôme Bosch faisait partie du groupe des « **Frères libres penseurs** », groupe hérétique dont les rites étaient, dit-on, caractérisés par une promiscuité sexuelle qui devait leur permettre de retrouver l'état d'innocence qu'Adam possédait avant son péché. Certains tableaux de Bosch, dont *Le jardin des plaisirs*, auraient été créés pour des groupements d'adamites qui prônaient justement cette promiscuité sexuelle.

Réponse 205

La réponse est C. *Léonard par lui-même* est, en effet, quasiment **le seul autoportrait qu'on peut attribuer à *Léonard de Vinci*** (1452-1519). Le visage de ce personnage célèbre semble être reproduit à maintes reprises par d'autres peintres de l'époque. Ses traits augustes et sages étaient alors un idéal de beauté.

Réponse 206

La réponse est A. N'aimant pas le tableau, ***Francesco del Giocondo*** refusa de le payer et de l'emmener. C'est ***François Ier*** qui l'acheta en 1517 pour une somme de 4.000 florins d'or (environ 15 kg). Léonard

Question 205

Parmi ces trois affirmations concernant le visage de Léonard de Vinci, quelle est la vraie :

A. on ne possède aucune certitude quant à l'aspect de son visage, malgré les autoportraits ?

B. Léonard de Vinci était extrêmement narcissique et peignit une série impressionnante d'autoportraits ?

C. le célèbre tableau *Léonard par lui-même* est un des rares autoportraits qui lui soit attribuable avec une quasi-certitude ?

Question 206

La Joconde peinte par Léonard de Vinci fut commandée par Francesco del Giocondo mais ne fut pas achetée par lui. Pour quelle raison :

A. le tableau ne lui plut pas et il refusa de le payer ?

B. Francesco del Giocondo est mort avant que le tableau ne soit terminé ?

C. Léonard de Vinci ne voulut pas s'en séparer ?

Question 207

Quel accueil reçut la peinture murale du *Jugement dernier* de Michel-Ange dans la salle principale de la chapelle Sixtine :

A. on ordonna à Michel-Ange de recouvrir tous les nus ?

B. on l'accusa d'hérésie du fait que le Christ ne portait pas de barbe ?

C. le pape Paul III renvoya Michel-Ange à Florence, choqué par la vision du Christ dénudé ?

Question 208

Comment se marqua notamment le caractère facétieux de Michel-Ange :

A. il sculpta un faux Cupidon, qui, enterré et patiné, fut revendu 200 ducas au cardinal di San Giorgio, après « redécouverte » ?

B. il fit une caricature du cardinal di San Giorgio, qui fut très prisée à la cour ?

C. il refusa de vendre au cardinal di San Giorgio un tableau que ce dernier avait commandé. Ce tableau représentait une belle courtisane de l'époque qui plaisait d'ailleurs beaucoup à Michel-Ange ?

de Vinci mit, semble-t-il, quatre ans pour exécuter la *Joconde*. Il semble également qu'il magnifia le portrait qui pourtant était, dit-on, d'une fidélité rare au départ.
Un autre exemplaire de la *Joconde* reposerait dans un coffre d'une banque à Lausanne, attendant un hypothétique certificat d'authentification.
La *Joconde* a été volée en 1911 par Vincenzo Peruggia et retrouvée en 1913.

Réponse 207

La réponse est A. On ordonna à **Michel-Ange** (1475-1564) de **voiler tous les nus de son œuvre**, mais c'est **Daniele da Volterra** qui effectua le travail à la demande de Paul IV. Cependant, ce ne furent que les nus les plus scabreux qui furent recouverts. À cette nouvelle, Michel-Ange aurait eu cette parole à l'égard du Saint-Père : « Que Sa Sainteté s'occupe de mettre de l'ordre dans le monde au lieu de faire voiler la peinture car cela a peu d'importance. »

Réponse 208

La réponse est A. Le **faux Cupidon** est un des **faux** les plus célèbres et marque bien l'humour grinçant que **Michel-Ange** pouvait avoir vis-à-vis de ses protecteurs. L'anecdote

est rapportée par **Giorgio Vasari** (1511-1574), peintre italien et historien d'art, auteur d'un précieux recueil de vies d'artistes (*Le Vite de' piu eccelenti architetti, pittori e scultori da Cimabuè insino a' nostri tempi*).

Réponse 209

La réponse est A. **Pietro della Vecchia** fut un **grand faussaire du XVII**e **siècle**. Il copia Giorgione et Titien. Franchard et Terenzio da Urbino, qui vécurent tous deux au XVIIIe siècle, s'étaient, quant à eux, spécialisés de manière quasi exclusive dans les copies de Raphaël (1483-1520).

Réponse 210

La réponse est A. La majeure partie de l'**œuvre de Titien** (1488-1576) est composée de **portraits commandés par de grands monarques**, dont Charles Quint, ainsi que par des tableaux à vocation religieuse.

Réponse 211

La réponse est A. Le **Greco** (1541-1614) représenta son **idéal féminin sous forme de visages longs et minces avec de grands yeux tristes**. Son modèle fut sans doute Tolédane Jéronima de las Cuevas, qui était, selon les sources, soit son épouse soit sa maîtresse.

Question 209

Le peintre Raphaël n'a pas été copié par un de ces trois grands faussaires. Lequel :

A. Pietro della Vecchia ?
B. Franchard ?
C. Terenzio da Urbino ?

Question 210

Quel est le thème majeur de l'œuvre de Titien :

A. le portrait des grands monarques et les motifs religieux ?
B. les récits picturaux épiques ?
C. les représentations de la ville de Venise ?

Question 211

Quel était le type de visage féminin que le Greco représenta le plus :

A. des visages longs et minces avec de grands yeux tristes ?
B. des visages enfantins ?
C. des visages ronds et pleins ?

Question 212

Comment s'exprima la réaction de Goya face aux agissements des troupes françaises en Espagne :

A. il utilisa sa peinture pour exprimer sa révolte contre l'occupation française ?

B. alors qu'il était déjà un peintre célèbre, il participa à la guerre de Libération. Il fut récompensé pour ses faits d'armes ?

C. il écrivit des pamphlets contre l'occupation française ?

Le XIXᵉ siècle et le XXᵉ siècle

Question 213

De quelle école Delacroix faisait-il partie :

A. de l'école romantique ?

B. de l'école classique ?

C. de l'école impressionniste ?

Question 214

Pour quelle raison l'amitié entre Cézanne et Zola prit-elle fin :

A. à cause d'un roman de Zola, *L'Œuvre*, qui décrit un peintre manquant de puissance créatrice et pour lequel Zola avait pris Cézanne comme modèle ?

Réponse 212

La réponse est A. La réaction de **Francisco de Goya** (1746-1828) aux exactions des troupes françaises se fit par l'intermédiaire de ses tableaux dont l'un des plus connus est sans doute *La fusillade du 3 mai 1808*, peint en 1814 et qui représente un peloton français exécutant des résistants espagnols.

Réponse 213

La réponse est A. **Eugène Delacroix** (1798-1863) fut classé comme romantique à cause de sa grande composition *Les Massacres de Scio*, inspirée de la lutte entre les Grecs et les Turcs. C'est le caractère tragique de la **toile** qui lui valut d'être considérée comme un **manifeste du romantisme**. Bien malgré lui, Eugène Delacroix sera considéré comme le chef de file du mouvement.

Delacroix sera également l'inspirateur et le **père de l'orientalisme**. Un séjour en Afrique du Nord et en Espagne lui firent intégrer une note d'exotisme dans ses toiles. Des toiles telles que *Le Sultan du Maroc* (1845) et *Femmes d'Alger dans leur appartement* (1834) contribuèrent à lancer la mode de l'orientalisme en France et en Europe.

Réponse 214

La réponse est A. *Émile Zola* (1839-1906), opportuniste et individualiste, brisa sa vieille amitié avec *Paul Cézanne* (1840-1902) en s'inspirant de la vie de ce dernier pour écrire son roman. Zola ne comprit jamais la portée de l'œuvre de Cézanne.

Réponse 215

La réponse est A. C'est la révélation de l'œuvre de *Raphaël* qui aura une grande influence sur la période que *Pierre-Auguste Renoir* (1841-1919) qualifie lui-même de « manière aigre » et que d'autres qualifient de « période ingresque ». Au cours de cette période, le dessin prend le pas sur la couleur.

Réponse 216

La réponse est A. *Paul Gauguin* (1848-1903) était un **riche agent de change** avant de décider de consacrer sa vie à la peinture. Le fait qu'il collectionnait des tableaux impressionnistes contribua sans aucun doute à l'apparition de sa vocation (1874).

Grâce à son utilisation des couleurs, il **ouvrira les portes au fauvisme** quelques années plus tard.

Le **fauvisme** est un courant pictural né en 1899 et dont l'apogée se situe entre 1904 et 1907. Ce cou-

B. leur amitié indéfectible prit fin à la mort de Zola ?

C. Cézanne, se détachant progressivement de l'école impressionniste, s'isola peu à peu dans la maison paternelle ?

Question 215

Quelle découverte, lors d'un séjour en Italie, influença Pierre-Auguste Renoir dans sa période « manière aigre » :

A. il découvrit l'œuvre de Raphaël ?

B. il fit la rencontre de Luigi Pirandello, dont la vision littéraire l'enchanta à un tel point qu'il essaya de la transposer à la peinture ?

C. il fit la rencontre du peintre Giovanni Boldini, avec lequel il développa un style linéaire ?

Question 216

Quel métier exerça Paul Gauguin avant de se consacrer à la peinture :

A. il était agent de change ?

B. il était comptable ?

C. il dirigeait sa propre entreprise ?

Question 217

Auquel de ces trois thèmes Degas
ne s'intéressa-t-il pas :

- A. l'opéra ?
- B. les chevaux ?
- C. la montagne ?

Question 218

Pourquoi la vie de Vincent Van Gogh nous
est-elle bien connue :

- A. parce qu'il tenait un journal qui fut récupéré à sa mort ?
- B. parce qu'il a entretenu une correspondance continue avec son frère Théo ?
- C. parce qu'un critique, nommé Albert Aurier, passionné par l'œuvre de Vincent Van Gogh, écrivit sa biographie ?

rant met l'accent sur la **puissance expressive des couleurs pures**. Cette technique utilise le jeu des contours pour rendre plus intenses les couleurs. Le chef de file de ce mouvement sera **Henri Matisse** (1869-1954) dont l'influence se fit surtout sentir chez les peintres munichois dans la mesure où il leur offrit de nouvelles possibilités d'exploiter la couleur et la ligne.

Réponse 217

La réponse est C. Seule la **montagne n'inspira pas** particulièrement **Degas** (1834-1917). On connaît mieux ses toiles de chevaux (*Aux courses* et *Chevaux de course* de 1885) et de l'opéra (*La Chanteuse verte* de 1884 et surtout *La Chanteuse au gant* de 1878). Pour le public, Degas restera cependant le peintre qui capta le mieux l'instant fugitif grâce ses **représentations de danseuses et de chanteuses**.

Degas, devenant aveugle, abandonna progressivement la peinture. Sa créativité s'exprima alors progressivement à travers la sculpture.

Réponse 218

La réponse est B. **Vincent Van Gogh** (1853-1890) a toujours entre-

tenu des liens étroits avec son frère Théo, et ce par le biais d'une **correspondance abondante**. Celle-ci permit, entre autres, d'expliquer les circonstances qui furent à la base de la création de nombreux tableaux. Elle témoigne également des difficultés rencontrées par Vincent Van Gogh pour exercer son art. Son frère lui envoyait l'argent nécessaire à l'achat des tubes de couleur et des toiles.

Albert Aurier fut le seul critique qui, du vivant de Vincent Van Gogh, écrivit un article entièrement consacré au peintre.

Réponse 219

La réponse est A. Entre 1904 et 1906, **Claude Monet** (1840-1926) a peint 48 toiles représentant les *Paysages d'eaux* (*Nymphéas*). En outre, il avait déjà réalisé quelques études sur ce sujet qui furent exposées dès 1897. A partir de 1914, Monet peignit plusieurs grands tableaux qui illustrent une nouvelle fois ce thème. Monet a, d'autre part, représenté une vingtaine de cathédrales et exécuté une vingtaine de toiles sur Venise.

Réponse 220

La réponse est B. **Odilon Redon** (1840-1916) est une exception dans son siècle. Il développa son art **en**

Question 219

Un de ces sujets étudiés par Claude Monet fit l'objet de plus de 45 toiles ; lequel :

A. les nymphéas ?

B. les cathédrales ?

C. Venise ?

Question 220

Quelle est la principale caractéristique de l'œuvre d'Odilon Redon :

A. il fut à la base de l'école impressionniste ?

B. il développa sa peinture à l'écart des grands mouvements de peinture de son siècle ?

C. il n'utilisa jamais la couleur ?

Claude Monet

Question 221

De quelle manière la chute de l'Empire français en 1815 affecta-t-elle Dominique Ingres :

- A. il perdit tous ses clients ?
- B. il dut s'expatrier ?
- C. il fut à court de papier pendant plusieurs mois ?

Question 222

Parmi ces trois artistes, lequel ne s'adonna pas à la mode du japonisme :

- A. Vincent Van Gogh ?
- B. Claude Monet ?
- C. Amedeo Modigliani ?

Question 223

Quel était le genre favori d'Henri de Toulouse-Lautrec :

- A. les personnages qui peuplaient Montmartre ?
- B. les paysages bretons ?
- C. les Ardennes françaises ?

dehors de toute tendance. Ce n'est que vers la fin de sa vie que la couleur s'imposa dans son œuvre.

Réponse 221

La réponse est A. **Dominique Ingres** (1780-1867) perdit rapidement tous ses clients. En effet, il résidait à Rome avant la chute de l'Empire français et vivait des nombreuses commandes que lui assurait la nombreuse colonie française. **La fin de l'Empire provoqua le rapatriement de sa clientèle « romaine ».**

Réponse 222

La réponse est C. Seul **Amedeo Modigliani** (1884-1920) ne s'est pas adonné au **japonisme**. Ce courant artistique, basé sur les estampes et inspiré d'objets ou paysages japonais, fut très en vogue à la fin du XIXe siècle. La plupart des grands peintres de l'époque s'y essayèrent (Van Gogh, Monet, Gauguin).

Réponse 223

La réponse est A. **Henri de Toulouse-Lautrec** (1864-1901) est surtout connu pour ses dessins et **peintures des personnages qui fréquentaient Montmartre**. Il excella dans ses représentations de danseuses et dans les portraits.

Réponse 224

La réponse est B. C'est un séjour à Auvers-sur-Oise entre 1872 et 1873 aux côtés de **Camille Pissarro** (1830-1903) qui détermina un profond changement de sa technique. Camille Pissarro aura d'ailleurs une profonde influence sur Paul Cézanne.

Réponse 225

La réponse est C. La toile les *Demoiselles d'Avignon*, ainsi nommée par André Salmon, représente à la fois la seule incursion de **Pablo Picasso** (1881-1973) au sein de l'**art nègre** au cours de l'année 1907 et la **préfiguration réelle du cubisme**. Cette toile, qui se trouve au musée d'Art moderne à New York, a été réalisée en deux étapes. À l'origine, la toile devait s'appeler *Le Bordel d'Avignon* et représenter un groupe de filles en train de manger en compagnie d'un marin, mais Picasso changea à la fois d'avis et de style pour la terminer. Entamée dans le style terminal de la période rose, la toile est achevée dans un style où les influences de l'art nègre sont présentes. La toile est, selon la formule usitée, un incunable du cubisme.
Violon et Palette de Braque date de 1910.

Question 224

Qu'est-ce qui a motivé chez Cézanne un changement profond de sa technique (abandon de son style ombrageux) :

A. la découverte des paysages provençaux ?

B. un séjour aux côtés de Pissarro ?

C. une toile de Sisley, *Effet du matin* ?

Question 225

Que représente le tableau de Picasso les *Demoiselles d'Avignon* :

A. c'est une des dernières toiles de la période cubiste. Elle préfigure les nouvelles évolutions de Picasso ?

B. c'est la première toile cubiste de Picasso, Braque l'ayant précédé de peu avec sa toile *Violon et palette* ?

C. c'est la première interprétation partielle de l'art nègre par Picasso. Cette toile ouvre la voie au cubisme ?

Question 226

Quelle trace Braque a-t-il laissée
au musée du Louvre :

A. il céda une partie importante de son œuvre au musée du Louvre ?

B. il peignit le plafond de la salle étrusque du musée ?

C. à ses débuts, peintre décorateur, il participa à la rénovation de certaines salles du Louvre ?

Pablo Picasso

Réponse 226

La réponse est B. Entre 1952 et 1953, **Georges Braque** (1882-1963) a peint le plafond de la **salle étrusque au musée du Louvre**. Un oiseau aux ailes déployées dans un espace abstrait est le thème de cette décoration.

Réponse 227

La réponse est A. **Pablo Picasso**, dans sa frénésie d'aller de l'avant, développa souvent des solutions picturales aux problèmes de la représentation (cubisme analytique, cubisme synthétique…) mais il n'exploita pas à fond ces techniques.

Juan Gris a notamment approfondi **le cubisme synthétique** et on peut aujourd'hui lui en attribuer la paternité.

Le cubisme synthétique prend naissance grâce à Pablo Picasso. Celui-ci juge qu'un objet n'a plus besoin d'être observé pour être représenté. Il désire alors s'élever jusqu'à l'essence même de l'objet pour en déterminer les caractéristiques essentielles qui en conditionnent l'existence. Il rassemble alors ces diverses caractéristiques en une image unique.

Le cubisme analytique utilise les divers angles de visions pour faire éclater le volume représenté sous différents plans. Le peintre effec-

tue donc un tri des qualités essentielles qui, selon lui, doivent figurer l'objet représenté. La résultante est une série de peintures où le spectateur possède une image fidèle et relativement complète de l'objet qui lui permet de le reconnaître. Cependant, l'unité, la cohérence interne perd de son homogénéité.

Réponse 228

La réponse est C. *Maternité au bord de la mer* (1902) est **une toile de la période bleue**, dont le style est fortement inspiré de Puvis de Chavannes (1824-1898), peintre français qui fut considéré comme le chef de file des symbolistes.

Les deux autres toiles, *La Femme à l'éventail* (1908) et *Le Poète*, sont deux œuvres très importantes de la période cubiste de **Pablo Picasso** (1881-1973).

Les différentes périodes de Pablo Picasso sont les suivantes : enfance et jeunesse (1891-1901), la période bleue et la période rose (1901-1906), le cubisme, les années vingt et trente (1918-1936), l'expérience de la guerre (1937-1945) et la dernière période (1946-1973).

Réponse 229

La réponse est A. La maîtrise technique acquise grâce au passage d'**Amedeo Modigliani** (1884-1920)

Question 227

Juan Gris a développé les solutions techniques inventées par un autre peintre ; lequel :

A. Pablo Picasso ?

B. Georges Braque ?

C. Fernand Léger ?

Question 228

Parmi ces trois tableaux, quel est celui qui ne fait pas partie de la période cubiste de Picasso :

A. *La Femme à l'éventail* ?

B. *Le Poète* ?

C. *Maternité au bord de la mer* ?

Question 229

De quel apport considérable les peintures de Modigliani postérieures à 1915 ont-elles bénéficié :

A. de son expérience de sculpteur, acquise entre 1908 et 1915 ?

B. de sa liaison avec la journaliste anglaise Béatrice Hastings ?

C. du fait de sa rencontre avec Picasso ?

Question 230

Quel est le domaine qui rendit Modigliani le plus célèbre :

A. ses toiles de portraits féminins ?

B. ses sculptures ?

C. ses dessins ?

Question 231

Comment le peintre japonais Foujita, profondément épris de la France, concrétisa-t-il ses rêves :

A. en se faisant baptiser à Reims sous le prénom de Léonard ?

B. en adoptant, après la Seconde Guerre mondiale, la nationalité française ?

C. en partageant durant une vingtaine d'années son appartement à Paris avec son ami Modigliani ?

par la **sculpture** lui permit d'acquérir son dessin racé, restituant si bien les volumes.

Quant à Béatrice Hastings, son influence fut telle que Modigliani abandonna quelque peu la peinture. La rencontre avec Picasso, qui eut lieu en 1906, aura peu d'influence sur la peinture d'Amedeo Modigliani.

Réponse 230

La réponse est A. **Amedeo Modigliani** est surtout connu pour ses **portraits purs et idéaux de femmes**, même s'il fit une longue incursion dans le domaine de la sculpture.

Réponse 231

La réponse est A. Fujita Tsuguharu, dit **Foujita** (1886-1969), **se fit baptiser à Reims en 1959 sous le prénom de Léonard** (par admiration pour de Vinci). Il fut à Paris le voisin et ami de Modigliani et de Soutine. Il est connu pour ses peintures de femmes et de chats d'une **grande élégance graphique**.

Réponse 232

La réponse est A. **Egon Schiele** (1890-1918) **était obsédé par son visage**. Son obsession se marqua par des doubles ou triples autoportraits. Si sa peinture est très

Chapitre 5 : Peinture

érotique, exposant une nudité parfois très crûe et sans fard, il ne fut ni misogyne ni obsédé sexuel. Il se maria en 1915. À partir de cette date, l'influence de cette nouvelle stabilité se fait ressentir dans ses toiles, dans lesquelles l'érotisme s'adoucit. Il est, avec *Klimt* et *Kokoschka*, une figure essentielle de l'**expressionnisme autrichien**.

Réponse 233

La réponse est A. *Oskar Kokoschka* (1886-1980) faisait partie de l'école expressionniste viennoise, dont il était l'un des plus célèbres représentants. Ce n'est que vers 1926 qu'il délaissa peu à peu l'expressionnisme pour devenir paysagiste.

Réponse 234

La réponse est A. Les masques représentent une partie importante de l'œuvre de *James Ensor* (1860-1949), peintre belge qui vécut toute sa vie à Ostende. Il était intéressé par leurs implications psychanalytiques et esthétiques. Malgré une ascendance anglaise du côté paternel, il ne s'inspira pas de thèmes d'outre-Manche. Il ne s'est jamais installé à Paris.

Question 232

Quel trait de caractère s'exprima particulièrement dans l'œuvre d'Egon Schiele :

A. son caractère narcissique qui s'exprima par des doubles, voire des triples autoportraits ?

B. sa maladie mentale, en l'occurrence son obsession sexuelle, qui transparaît dans des tableaux d'un érotisme puissant ?

C. sa misogynie qui se marqua par des tableaux très torturés de femmes ?

Question 233

À quelle école appartenait Oskar Kokoschka à ses débuts :

A. à l'école expressionniste ?

B. à l'école surréaliste ?

C. à l'école cubiste ?

Question 234

Quel est l'un des thèmes prépondérants dans l'œuvre de James Ensor :

A. les masques ?

B. Londres ?

C. Montmartre ?

Question 235

À quelle école appartient le célèbre tableau *Le mangeur de pommes de terre* de Constant Permeke :

- A. à l'école expressionniste ?
- B. à l'école cubiste ?
- C. à l'école abstraite ?

Question 236

Parmi ces peintres, quel est le véritable précurseur de l'expressionnisme :

- A. Edvard Munch ?
- B. Max Ernst ?
- C. Constant Permeke ?

Question 237

Quel événement inspira à Munch le thème récurrent de la « Chambre mortuaire » :

- A. le choc qu'il subit lors de la vision de sa grand-mère sur son lit de mort ?
- B. la disparition de sa petite sœur dans des circonstances tragiques ?
- C. la mort de sa mère et de ses deux sœurs ?

Réponse 235

La réponse est A. **Constant Permeke** (1886-1952) est un **peintre expressionniste flamand**. Sa toile *Le Mangeur de pommes de terre* est une de ses toiles les plus célèbres. Il a entre autres privilégié le thème marin et le thème rustique dans l'ensemble de son œuvre. Son aboutissement passera par l'utilisation d'une palette plus claire qui nous donnera notamment cette superbe toile du *Mangeur de pommes de terre*.

Réponse 236

La réponse est A. Après avoir assimilé les influences et les techniques impressionnistes, **Edvard Munch** (1863-1944) s'oriente dès 1892 vers des compositions très expressives. Un de ses tableaux les plus célèbres, *Le Cri* (1893), **ouvre peu après la voie à l'expressionnisme**.

Réponse 237

La réponse est C. C'est la **mort de sa mère et de ses deux sœurs** qui influença *Edvard Munch*. Peintre norvégien, précurseur de l'expressionnisme, il eut une grande influence en Allemagne.

Réponse 238

La réponse est C. **Robert Delaunay** (1885-1941) **ne fut jamais un représentant du purisme**, mouvement qui recherche une pureté extrême de l'expression. En Italie, au XIXᵉ siècle, ce terme désignait les peintres qui prônaient un retour aux conceptions du XVᵉ siècle : netteté des lignes, distribution orchestrée des couleurs.

Par contre, **Delaunay** fut successivement **influencé par l'impressionnisme**, **le néo-impressionnisme et**, **enfin**, **par Cézanne**.

Il participa de manière très originale au **mouvement cubiste**. Il dénonça chez les autres cubistes le retour à la ligne, qui traduisait, selon lui, un héritage classique. Il s'efforça donc de la faire disparaître complètement. Après un passage par l'**orphisme**, au cours duquel il prendra la couleur comme unique objet de la peinture, il s'orientera vers l'**art abstrait**. Il terminera son long périple par des **œuvres monumentales**.

Réponse 239

La réponse est A. **Frantisek Kupka** (1871-1957) était **médium et se passionna longtemps pour le spiritisme**. Cette passion lui fut donnée au cours de sa jeunesse par le maître sellier chez lequel il travailla comme apprenti.

Son apport le plus important à la

Question 238

De quelle école Delaunay n'a-t-il jamais fait partie :

A. de l'école cubiste ?

B. de l'école impressionniste ?

C. de l'école puriste ?

Question 239

Quel autre talent particulier possédait Frantisek (François) Kupka en plus de ses talents de peintre :

A. il était médium ?

B. il était acrobate ?

C. il était kleptomane ?

Robert Delaunay

Q C M
300 questions et réponses
concernant la **culture générale**

Question 240

Malevitch, peintre du suprématisme et de l'art abstrait par excellence, est notamment connu pour une toile célèbre ; laquelle :

- A. *Les angles droits sont tous ronds dans un étang ?*
- B. *Carré blanc sur fond blanc ?*
- C. *Angles et multiplications ?*

Question 241

Dans quel domaine, autre que la peinture, Paul Klee aurait-il pu exceller :

- A. la musique ?
- B. le théâtre ?
- C. la sculpture ?

Question 242

Quel point commun présentent Paul Klee, Oscar Schlemmer et Oskar Kokoschka :

- A. tous trois eurent le même professeur, Heinrich Knirr ?
- B. ils furent tous trois professeurs au Bauhaus ?
- C. ils furent tous trois victimes, d'une manière ou d'une autre, du nazisme ?

peinture est sa participation à la création de l'art abstrait, au même titre que Malevitch, Kandinsky, Delaunay ou Mondrian.

Réponse 240

La réponse est B. **Le célèbre tableau** *Carré blanc sur fond blanc* est un **raccourci effarant de l'abstraction** puisqu'il fut peint en 1918, alors que l'art abstrait venait à peine de naître. Seule une légère inflexion de la touche sépare le carré du fond sur lequel il apparaît. La forme a alors cessé d'être un signe de l'espace pour en devenir l'allusion ; de même, le tableau n'est plus qu'une allusion à la peinture.

Réponse 241

La réponse est A. Tout comme ses parents musiciens, *Paul Klee* (1879-1940), peintre suisse, était un **violoniste de talent**. Il envisagea un instant de s'orienter vers la sculpture, mais son professeur W. Von Rühman l'en dissuada. Paul Klee était également doué pour l'écriture, il rédigea, en 1918, un essai sur les éléments de l'art graphique.

Réponse 242

La réponse est C. *Oskar Kokoschka* (1886-1980), très touché par la

campagne de dénigrement contre « l'art dégénéré » — entendons l'expressionnisme et l'art abstrait — dont il fut l'un des représentants les plus illustres, se réfugia en Angleterre en 1939.

Paul Klee (1879-1940) fut démis de son poste de professeur de la chaire picturale de l'académie de Düsseldorf en 1933 pour les mêmes motifs que ceux invoqués contre Kokoschka.

Oscar Schlemmer (1888-1943) fut révoqué en 1933 de sa chaire de professeur de l'académie des Beaux-arts de Berlin, également victime de la campagne nazie contre « l'art dégénéré ».

Seuls Oscar Schlemmer et Paul Klee furent professeurs au Bauhaus tandis que Oskar Kokoschka le fut à l'académie de Dresde.

Réponse 243

La réponse est B. **Le Bauhaus** est une école d'architecture et d'arts appliqués, fondée en 1919 par **Walter Gropius**. D'abord située à Weimar, elle fut ensuite transférée à Dessau de 1925 à 1932. Cette école a joué un rôle prépondérant dans l'évolution des idées et techniques modernes. Les peintres Wassily Kandinsky, Oscar Schlemmer, Paul Klee en furent notamment les professeurs.

Question 243

Qui fut à l'origine de l'école du Bauhaus :

A. Paul Klee ?

B. Walter Gropius ?

C. Wassily Kandinsky ?

Kazimir Malevitch

« L'humanité est le pinceau, le burin et le marteau qui construisent éternellement le tableau du monde. Mais l'art qui montrerait ce tableau sur son écran et où l'homme pourrait apercevoir la somme globale de tout son labeur dans le tableau du monde, cet art n'existe pas encore. J'ébauche cet écran. Aux novateurs du monde entier, 1919. »

(*La Nouvelle Religion-Morale de la vitesse*, 1916.)

Manifeste

« Formons une nouvelle corporation d'artisans, sans ces arrogantes divisions de classe qui ont érigé avec insolence un mur qui sépare les artistes des artisans. Désirons, envisageons et créons une nouvelle corporation, la corporation de l'avenir qui sera tout à la fois, sous une forme unique, architecture, sculpture et peinture, qui s'élèvera des mains d'un million d'artisans comme le symbole cristallin d'une nouvelle foi à venir. »

(Walter Gropius, *Manifeste du Bauhaus*, 1919.)

Question 244

Quelle polémique opposait Paul Klee et Wassily Kandinsky au sein de l'école du Bauhaus :

A. leurs conceptions respectives sur la naissance de l'art étaient diamétralement opposées ?

B. Paul Klee se défendait d'appartenir à l'école (mouvement pictural) du Bauhaus ?

C. Paul Klee fut longtemps accusé d'avoir une trop lourde influence sur Kandinsky ?

Question 245

Quel peintre se qualifiait lui-même, et à juste titre, de cubiste impressionniste :

A. Gaston Duchamp Villon ?

B. Georges Braque ?

C. Paul Klee ?

Réponse 244

La réponse est A. **La naissance de l'art divisa les deux peintres.**
Pour **Paul Klee**, le problème de l'élaboration de l'art n'est pas de connaître le degré de concret ou d'abstrait de la réalité mais d'observer une nature dynamique dans son développement organique. Toute sa peinture doit partir du point, qui, en devenant actif, donne naissance à la ligne active, mobile, qui elle-même donne naissance à la surface vivante, mobile.
Pour **Wassily Kandinsky**, l'analyse de l'art se fait dans une perspective de forme achevée à laquelle il donnerait une valeur objective, fidèle à une sorte d'existence préétablie de l'œuvre.

Réponse 245

La réponse est A. **Gaston Duchamp** (dit Jacques Villon) (1875-1963), frère de Raymond Duchamp, fut l'initiateur de la fameuse Section d'or née en 1911. Dessinateur extraordinaire, il fut fortement influencé à ses débuts par L. de Vinci avant de s'orienter vers le cubisme auquel il donnera l'une de ses plus belles gravures *L'Équilibriste* (1913). Prolongeant ses investigations picturales en développant le cubisme synthétique, il passe à l'abs-

traction à partir de 1924 et ce jusque 1935, moment à partir duquel, il revient au figuratif. Peintre complet, il est parvenu à réaliser une synthèse entre la composition, la couleur et les formes géométriques.

Réponse 246

La réponse est C. C'est pour ses **sympathies nazies** que *Dali* (1904-1989) **fut menacé d'exclusion du mouvement surréaliste**. La « cérémonie », qui aurait dû amener l'exclusion de Salvador Dali du mouvement, fut elle-même un grand moment surréaliste. Dali, revêtu pour la circonstance de sept chandails et d'un pardessus en poil de chameau, se mit progressivement torse nu pour se prosterner devant André Breton. Le vote négatif de certains membres du mouvement sauva Dali de l'exclusion.

Réponse 247

La réponse est C. *Salvador Dali* a souvent peint sa femme *Gala*, laquelle fut son inspiratrice depuis ses débuts. Elle faisait partie du groupe d'artistes surréalistes qui rendit visite à Salvador Dali à Cadaquès pendant l'été 1929. C'est là que Dali et Gala se rencontrèrent. Ils y vécurent ensemble jusqu'à la mort de celle-ci en 1982.

Question 246

Pourquoi, en 1934, Salvador Dali fut-il presque exclu du mouvement surréaliste dirigé à l'époque par André Breton, Max Ernst et Benjamin Péret :

A. parce que son comportement clownesque nuisait au mouvement ?

B. parce que, selon André Breton, Salvador Dali était un individualiste utilisant son sens inné de la publicité pour se mettre en avant et ne pouvait donc pas s'intégrer au mouvement ?

C. parce qu'il affichait des sympathies nazies ?

Question 247

De quoi ou de qui s'inspira souvent Dali dans ses toiles :

A. de la guerre ?

B. des quatre composants fondamentaux : l'eau, l'air, la terre et le feu ?

C. de sa femme ?

Question 248

Qui fut le réel instigateur de la technique du collage de photos et gravures au sein du mouvement surréaliste :

A. Salvador Dali ?

B. Max Ernst ?

C. Alberto Giacometti ?

Question 249

Une de ces trois œuvres d'Andy Warhol n'est pas une représentation picturale ou photographique ; laquelle :

A. *Marilyn* ?

B. *Plane Crash* ?

C. *Four Stars* ?

Andy Warhol

Réponse 248

La réponse est B. C'est **Max Ernst** qui, le premier, au sein du mouvement surréaliste, **utilisa la technique du collage**, déjà employée par certains cubistes. Ses œuvres de collage furent le fruit d'un travail patient de repérage du matériel, d'assemblage et de découpage minutieux, à un tel point qu'il est difficile, sur ses toiles de collage, de distinguer les éléments hétérogènes.

Réponse 249

La réponse est C. *Four Stars* est un **long métrage de vingt-cinq heures réalisé par *Andy Warhol*** (1931-1987), lequel était à la fois plasticien et réalisateur d'avant-garde. Andy Warhol était l'un des plus fameux artistes du Pop'Art ; il était, entre autres, portraitiste des plus grandes stars (Marilyn Monroe).

Le terme **Pop'Art** vient des termes anglais « Popular Culture » et détermine un style où la représentation des objets réels et familiers reprend le dessus par rapport à l'abstraction. Il marque la réhabilitation de l'image sous les formes les plus variées. Ce style se développe dans les années soixante et est principalement représenté par Andy Warhol, Robert Rauschenberg, Jasper Jones, Rosenquist, Oldenburg ou encore Dine.

Réponse 250

La réponse est A. **Robert Rauschenberg** (1925-) est un des grands utilisateurs des « Combine Paintings ». Par l'introduction de divers éléments dans ses œuvres, il attaquait le concept traditionnel de la peinture abstraite. Par la suite, il a orienté ses recherches vers des domaines plus abstraits. C'est vers 1967 qu'il commença à utiliser le plexiglas comme matériau de représentation. Il a ensuite travaillé sur des supports précaires et fragiles.

Question 250

De quelle manière originale R. Rauschenberg, l'un des maîtres du Pop' Art, a-t-il exprimé ses visions de 1953 à 1960 :

A. il utilisa la technique des « Combine Paintings », mélange de matériaux divers ?

B. il n'utilisa que du tissu et du caoutchouc (bien souvent des pneus) sur lesquels il peignait ?

C. il utilisa le plexiglas pour y fondre ses œuvres ?

Salvador Dali

Chapitre 6 :
Musique

Réponse 251

La réponse est C. Johann Sebastian Bach (1685-1750) fait partie de ces compositeurs respectueux des traditions pour lesquels l'harmonie d'une pièce passe par la rigueur dans la composition. Celles-ci étaient construites de manière rigoureuse, quasi mathématique, tout en gardant un merveilleux équilibre des proportions. Il est l'un des plus grands compositeurs de l'époque baroque. Parmi son imposante production, on peut mettre en exergue ses Concertos brandebourgeois, la Passion selon saint Matthieu, et ses nombreuses toccatas et fugues pour orgue dont l'une des plus célèbres reste Toccata et fugue en « ré » mineur. Il est également le compositeur de quelque 224 cantates qui forment son œuvre principale.

Réponse 252

La réponse est C. Johann Sebastian Bach fut, comme tous les musiciens de l'époque, très dépendant de ses protecteurs. Seul le futur Frédéric II ne compta pas parmi ses protecteurs. Bach fut cependant invité à plusieurs occasions à se rendre à la cour de l'Empereur.

Question 251

Que peut-on dire des compositions de Johann Sebastian Bach :

- A. il n'observait guère les règles de composition de son époque, prenant de grandes libertés avec l'art de la fugue, entre autres ?
- B. le premier, il mit au point les structures de la sonate et du concerto pour piano ?
- C. il construisait ses compositions de manière rigoureuse, quasi mathématique, tout en gardant un merveilleux équilibre des proportions ?

Question 252

Comme beaucoup de musiciens de son époque, Johann Sebastian Bach dépendait de protecteurs. Lequel de ces trois personnages ne l'a pas été :

- A. Wilhelm Ernst, duc de Weimar ?
- B. le prince Léopold d'Anhalt-Köthen ?
- C. le prince héritier de Prusse, qui deviendra Frédéric II ?

Question 253

Pourquoi Johann Sebastian Bach fut-il moins prolifique à la fin de sa vie :

A. alité durant les dernières années de sa vie, il ne connut plus que de rares moments de lucidité ?

B. comblé d'honneurs, il effectua beaucoup de récitals qui lui prirent beaucoup de temps ?

C. atteint d'une maladie des yeux, Johann Sebastian Bach, presque aveugle, devait dicter ses œuvres à son gendre ?

Question 254

Dans la lignée de quel grand compositeur peut-on placer Ludwig van Beethoven :

A. Johann Sebastian Bach ?

B. Joseph Haydn ?

C. Wolfgang Amadeus Mozart ?

Question 255

Quelle fut la contribution de Beethoven dans le domaine de l'opéra :

A. il n'a écrit qu'un seul opéra ?

B. il n'a jamais écrit d'opéra ?

C. il termina un opéra commencé par Wolfgang Amadeus Mozart que ce dernier n'avait pu achever en raison de sa maladie fatale ?

Changer de protecteur n'était toutefois pas chose aisée comme l'illustre cette anecdote.

Désireux d'accepter le poste de maître de chapelle auprès du prince Léopold d'Anhalt-Cöthen, il ne put le faire immédiatement. En effet, le duc de Weimar, au service duquel il était, averti de cette décision, le mit aux arrêts pour l'empêcher de rejoindre le prince.

Johann Sebastian Bach connut un certain nombre de cours avant de se fixer définitivement en 1723 au cantorat de Saint-Thomas de Leipzig.

Réponse 253

La réponse est C. Atteint d'une maladie des yeux en 1749, Johann Sebastian Bach, presque aveugle, devait dicter ses œuvres à son gendre. Le 18 juillet 1750, il recouvra soudain la vue mais il s'éteignit quelques jours plus tard atteint d'une mauvaise fièvre.

Réponse 254

La réponse est C. Ludwig van Beethoven (1770-1827) fut, à ses débuts, fortement influencé par les compositions mozartiennes, bien plus que par les leçons que Haydn eut l'occasion de lui prodiguer lors de ses passages à Bonn.

Héritier de Mozart et du classicisme, il adopte rapidement un ton qui lui est propre et contribue largement à l'éveil du romantisme allemand.

Pour acquérir les connaissances techniques de composition nécessaires à l'écriture vocale, Beethoven s'intéressa à la musique italienne et consulta Salieri, qui fut pendant un temps son maître.

Réponse 255

La réponse est A. Beethoven n'écrivit qu'un seul opéra. Il s'agit de *Fidelio*. Cet opéra, d'abord intitulé *Léonore*, fut créé en 1805 et connut un échec total lors de la première. Ceci amena Beethoven à le retravailler complètement. Il ne fut réellement achevé que neuf ans plus tard sous la forme que nous connaissons aujourd'hui et qui nous restitue la tradition classique viennoise.

Réponse 256

La réponse est A. Beethoven était, dès 1798, un républicain convaincu. Sa troisième symphonie était à l'origine dédicacée à Bonaparte qu'il admirait. Apprenant en 1804 que Bonaparte venait de se faire couronner empereur, Beethoven, furieux, déchira la dédicace et appela sa symphonie «Héroïque».

Question 256

À la suite de quel événement Beethoven nomma-t-il sa troisième symphonie « Héroïque » :

A. à l'origine, dédicacée à Bonaparte qu'il admirait, Beethoven en changea le nom — optant pour « Héroïque» —, après avoir appris que Bonaparte venait de se faire couronner empereur ?

B. Beethoven, républicain convaincu, la nomma ainsi suite aux exploits de l'armée française qui introduisait partout en Europe les notions de « Liberté, Égalité, Fraternité » ?

C. on sait que le dernier mouvement de la symphonie est bâti sur le thème de Prométhée. C'est en référence à ce héros de la mythologie grecque que Beethoven nomma sa symphonie *Héroïque*?

Ludwig van Beethoven
Lettre à l'Immortelle

« Ah Dieu contemple la belle nature et apaise tes esprits au sujet de ce qui doit être — l'amour exige tout et à bon droit, ainsi en est-il de moi avec toi, de toi avec moi — seulement tu oublies si facilement que je dois vivre pour moi et pour toi — si nous étions totalement réunis, tu ressentirais cette douleur aussi peu que moi [...] »

(Extrait)

Question 257

Dans quel registre l'œuvre de Johannes Brahms se révéla-t-elle la plus remarquable :

A. la musique religieuse ?

B. la musique lyrique ?

C. les œuvres pour piano ?

Question 258

À quel mouvement peut-on rattacher Johannes Brahms :

A. au romantisme ?

B. au néo-classicisme ?

C. à l'impressionnisme ?

Question 259

Comment se manifesta le génie précoce de Brahms :

A. il jouait déjà des concertos de Mozart à l'âge de sept ans ?

B. très jeune, il inventa un système d'annotation musicale sans savoir qu'il en existait déjà un ?

C. ses premières compositions furent couchées sur papier à l'âge de sept ans ?

Réponse 257

La réponse est C. Les œuvres pour piano de Johannes Brahms (1833-1897) sont celles où il mit le plus en exergue ses talents de compositeur. Il composa environ cinquante pièces pour piano (sonates, variations, etc.) parmi lesquelles on peut sans conteste retenir les concertos pour piano qui sont des pièces maîtresses dans le genre.

Réponse 258

La réponse est A. Brahms est l'un des grands compositeurs romantiques de son époque. Il se situe dans la tradition de Schumann et de Schubert.

Réponse 259

La réponse est B. Brahms est sans doute l'une des figures les plus importantes de la musique. Son génie se manifesta rapidement. Très jeune, il inventa un système d'annotation musicale sans savoir qu'il en existait déjà un. Son génie se manifesta de bien d'autres façons, mais on peut imaginer la puissance de son esprit lorsqu'on sait qu'adolescent, il ne quittait pas des yeux les livres qu'il installait régulièrement sur son piano tout en jouant des valses et des polkas.

Chapitre 6 : Musique

Réponse 260

La réponse est B. Clara Schumann (1819-1896), pianiste et compositeur, et, épouse de Robert Schumann, eut une grande influence sur Brahms. Elle contribua avec son mari à la diffusion des œuvres de celui-ci. Une amitié profonde les lia jusqu'à la mort de Clara Schumann.

Il semble que Clara Schumann ne supportait pas beaucoup Franz Liszt. De plus, selon les critiques de l'époque, son jeu pianistique était en complète opposition avec celui de ce dernier. Elle-même subit l'influence de Chopin dans ses propres compositions.

Réponse 261

La réponse est B. Franz Schubert (1797-1828), grand compositeur de la période romantique, fut un véritable génie de l'improvisation, ce qui peut expliquer son succès phénoménal dans la composition de lieder. Il composa, en effet, pas moins de 600 lieder. De manière générale, il est considéré comme un des plus grands compositeurs de musique de chambre.

Question 260

Sur quel compositeur Clara Schumann eut-elle une grande influence :

A. Liszt ?
B. Brahms ?
C. Chopin ?

Question 261

Dans quel domaine s'exprima le plus le génie de Franz Schubert :

A. la cantate ?
B. le lied ?
C. la symphonie ?

Ludwig van Beethoven

Question 262

Quelle est l'une des caractéristiques majeures de Franz Schubert :

A. c'est l'un des compositeurs les plus prolifiques de l'histoire de la musique ?

B. il inventa le genre de la sonate ?

C. il composa très peu, mais ce sont des compositions symphoniques de grande ampleur ?

Question 263

À quel mouvement musical appartient Joseph Haydn :

A. au classicisme ?

B. au néo-classicime ?

C. au baroque ?

Question 264

Une influence profonde se fit sentir sur les dernières compositions de Mozart, et plus spécialement sur l'extraordinaire opéra *Don Giovanni* ; laquelle :

A. il écrit son opéra alors qu'il vient, depuis trois ans, d'adhérer à la morale maçonnique ?

B. il écrit alors qu'il souffre profondément de son isolement ?

Réponse 262

La réponse est A. Schubert est sans conteste un des compositeurs les plus prolifiques que le monde ait connus. Plus de 900 œuvres ont été répertoriées, dont une immense majorité (730) sont des œuvres de mélodie pour voix seule ou pour ensembles vocaux. Franz Schubert écrivit ses œuvres les plus marquantes durant les dernières années de sa vie.

Réponse 263

La réponse est A. Joseph Haydn (1732-1809) est, avec Mozart et Beethoven, l'un des plus grands compositeurs classiques. Il est cependant un compositeur de transition entre le baroque (1600-1750), dont ses premières œuvres portent l'empreinte et le romantisme (1820-1860), qu'il annonce avec une nouvelle forme de sensibilité musicale.

Réponse 264

La réponse est A. À partir de 1784, Wolfgang Amadeus Mozart (1756-1791) adhère à la franc-maçonnerie. Il répond aux questions de son siècle par sa foi maçonnique. Don Giovanni est le méchant, non pas pour avoir bafoué les conventions de la société, mais parce qu'il rejette avec dédain

l'enseignement supérieur qu'on (le commandeur) lui proposait.

Réponse 265

La réponse est B. Mozart ne termina pas son Requiem. C'est un envoyé du comte Walsegg qui passa la mystérieuse commande de ce Requiem inachevé. Les biographes de Mozart pensent qu'à cette époque ce dernier avait déjà la vision de sa fin. Et il n'est pas interdit de penser qu'il savait qu'il composait sa propre marche funèbre.

Réponse 266

La réponse est A. Richard Wagner (1813-1883) composa principalement des opéras qui restent des modèles du genre. Son apport majeur est la synthèse qu'il parvient à faire entre poésie, action, musique et plastique en nous donnant de réels drames dont les scènes s'enchaînent sans faiblesse. On retiendra quelques-unes de ses plus belles œuvres : les *Maîtres chanteurs* (1845), *Lohengrin*, *Tannhaüser* (1845), le *Vaisseau fantôme* (1843), *Parsifal* (1857) et *l'Anneau du Nibelung* (1852).

C. il nage en pleine gloire et l'euphorie lui fait composer de nouvelles œuvres en rupture avec les compositions classiques de son temps ?

Question 265

Parmi ces trois propositions, quelle est celle qui est liée au Requiem de Mozart :

A. Salieri le commanda ?

B. Mozart ne le termina pas ?

C. Mozart savait qu'il écrivait sa propre marche funèbre ?

Question 266

Quel genre musical assura la notoriété de Wagner :

A. l'opéra ?

B. les œuvres concertantes ?

C. les œuvres symphoniques ?

Question 267

À quel mouvement appartient
Robert Schumann :

A. au mouvement classique ?

B. au mouvement néo-classique ?

C. au mouvement romantique ?

Question 268

Robert Schumann ne fut pas un spécialiste
d'un de ces styles de composition; lequel :

A. les compositions pour piano ?

B. les lieder ?

C. les opéras ?

Robert Schumann

« [...] Pour en revenir à mes compositions, je puis à
peine vous dire quel bien me fait votre intérêt. On
se réjouit de chaque intérêt à plus forte raison de
celui que vous porte un sincère ami de l'art, qui est
aussi rare que les véritables artistes. [...] Du reste,
peu me comprennent, ce dont je me trouve seulement dédommagé par l'amour des initiés, tels que
Liszt, Clara Wieck et maintenant vous. »

(Leipzig, 8 février 1838, traduction d'une lettre à
M. Simonin de Sire)

(Extraits)

Réponse 267

La réponse est C. Robert
Schumann (1810-1856) fut l'un des
représentants les plus illustres
des romantiques, tant dans sa vie
d'écrivain (lire son Journal) que
dans sa vie de compositeur ou
dans ses amours avec Clara Wieck
qui deviendra Clara Schumann en
1840. De même, la certitude de sa
mort prochaine — il souffrait de
troubles hallucinatoires et audi-
tifs — le fit composer à une allure
effrénée à partir de 1850. En 1852,
on peut lire, dans ses cahiers, la
résignation qui s'empare de lui. Il
meurt le 29 juillet 1856 dans
d'atroces souffrances physiques
(cancer) et morales (sa folie ?).
Les grands sentiments, troubles,
passions et mélancolie sont les
traits majeurs du mouvement
romantique. L'expression de l'in-
dividualité est mise en valeur et il
s'agit, par la musique, d'exprimer
non seulement des sentiments
mais également des idées et des
mythes.
De nouveaux genres musicaux
apparaissent, tels le poème symphonique ou le concerto pour
soliste. Un nouveau principe
musical apparaît également, celui
du thème ou « leitmotiv ».

Réponse 268

La réponse est C. Schumann ne fut guère un chantre de l'opéra ; il y fut d'ailleurs peu à l'aise. Par contre, tant dans ses compositions pour piano – qui bénéficient de sa virtuosité perdue à cause d'un stupide accident aux doigts de sa main droite – que dans ses lieder, il s'y montre poète et grand représentant du romantisme. Il est moins à l'aise lorsqu'il s'agit d'utiliser le moule classique (sonates, symphonies, opéras).

Réponse 269

La réponse est A. Richard Strauss (1864-1949) écrivit *Salomé* à partir d'une œuvre d'Oscar Wilde écrite en français pour l'actrice Sarah Bernhardt.

Ce drame ne compte qu'un seul acte. Salomé est amoureuse du prophète Iokanaan, lequel la repousse. Elle profite alors de la jalousie d'Hérodote pour lui faire décapiter Iokanaan. Par la suite, elle se fait apporter la tête coupée et en baise les lèvres glacées.

En 1905, l'opéra de Strauss fait un triomphe et crée le scandale tant le drame d'origine est osé pour l'époque.

Question 269

Quel lien existe-t-il entre Oscar Wilde et Richard Strauss :

A. Richard Strauss écrivit son opéra *Salomé* à partir d'un drame écrit en français par Oscar Wilde ?

B. Oscar Wilde était le beau-frère de Richard Strauss ?

C. Richard Strauss commanda un livret à Oscar Wilde pour son opéra *le Chevalier à la Rose* ?

Oscar Wilde
Salomé

« HÉRODE. Fut-ce la moitié de mon royaume. Comme reine, tu serais très belle, Salomé, s'il te plaisait de demander la moitié de mon royaume.

N'est-ce pas qu'elle serait très belle comme reine ?...

Ah! il fait froid ici ! Il y a un vent très froid, et j'entends...

Pourquoi est-ce que j'entends dans l'air ce battement d'ailes ? Oh ! on dirait qu'il y a un oiseau, un grand oiseau noir, qui plane sur la terrasse.

Pourquoi est-ce que je ne peux pas le voir, cet oiseau ? Le battement de ses ailes est terrible. Le vent qui vient de ses ailes est terrible. C'est un vent froid... Mais non, il ne fait pas froid du tout. Au contraire, il fait très chaud. Il fait trop chaud. J'étouffe. Versez-moi l'eau sur les mains. »

(Extrait)

Question 270

Quelle est l'originalité de Gustav Mahler en tant que compositeur :

A. il mit au point les principes de la musique sérielle ?

B. il rénove le genre de la sonate, en lui offrant de nouvelles utilisations quant aux intervalles et aux variations ?

C. il fit une synthèse cohérente entre le lied et la symphonie ?

Question 271

Dans quel genre s'illustra d'abord G. F. Haendel auprès du public du XVIIIe siècle :

A. l'opéra italien ?

B. les pièces pour orgue ?

C. l'oratorio ?

Question 272

Quelle était l'une des principales caractéristiques de Haendel :

A. il écrivait très vite ses compositions ?

B. il n'eut jamais besoin de retoucher ses compositions ?

C. il n'a guère écrit, mais ses quelques œuvres sont des monuments de la musique baroque ?

Réponse 270

La réponse est C. Gustav Mahler (1860-1911) fit preuve d'originalité dans ses compositions en synthétisant les apports respectifs du lied et de la symphonie. Illustre représentant du romantisme, il montra beaucoup de talent dans la recherche mélodique et dans la maîtrise des grands ensembles orchestraux. Il fut l'un des plus grands chefs d'orchestre de son siècle.

Réponse 271

La réponse est A. Avant de se consacrer presque exclusivement à l'oratorio (1740), Georg Friedrich Haendel (1685-1759) se fit un nom dans le domaine de l'opéra italien (*Rinaldo*, 1711 ; *Julio Cesare*, 1724, *Siroe*, 1728). Les autorités religieuses décidèrent d'interdire à la scène les sujets bibliques ; c'est pourquoi Haendel abandonna l'opéra pour se consacrer à l'oratorio.

Réponse 272

La réponse est A. Haendel écrivait ses compositions avec une rapidité peu commune. Toutefois, il les raturait beaucoup. Il composa *Theodora* en cinq semaines, le *Messie* en vingt-quatre jours et *Tamerland* en vingt. Certaines de

ses œuvres sont parfois créées à des intervalles de quelques jours. Travailleur acharné, il usa les touches de son clavecin. Parmi les compositeurs baroques, il se révèle comme un continuateur perfectionniste plutôt qu'un révolutionnaire. Il fit la synthèse du courant allemand et du courant italien. Il s'inspira du premier pour la construction d'une œuvre et du second pour la mélodie et les sonorités.

Son œuvre est immense et les commentaires des plus grands compositeurs en font foi. Haydn dira de lui : « Haendel est notre grand maître à tous » ; Beethoven confia : « C'est le plus grand compositeur qui ait jamais existé ; je voudrais m'agenouiller sur sa tombe » ; tandis que Liszt fut plus simple encore en le qualifiant comme suit : « Haendel est grand comme le monde. »

Réponse 273

La réponse est A. Georges Bizet (1838-1875), pour survivre, dut retranscrire pour piano un grand nombre d'œuvres célèbres. Il gagna le concours de Rome en 1857. Ce n'est qu'en 1872 qu'il connut réellement le succès. Il nous laissa des œuvres comme *l'Arlésienne* ou *Carmen*.

France

Question 273

Victime d'une situation financière précaire, à quel travail particulier dut s'adonner Bizet :

A. il retranscrivit pour piano quantité de pièces célèbres ?

B. il travailla comme pianiste dans les cafés parisiens ?

C. il devint professeur de solfège dans un couvent parisien ?

Georges Bizet

Question 274

Quel lien exista-t-il entre Serge de Diaghilev et Maurice Ravel :

A. il fut à la base de l'éviction de Ravel du concours de Rome ?

B. il commanda deux œuvres chorégraphiques à Ravel ?

C. il imposa l'œuvre de Ravel dans le monde musical de l'époque ?

Question 275

Quel est l'apport important de Claude Debussy à la musique française :

A. il est à la base de l'impressionnisme ?

B. il est le premier expressionniste français ?

C. il est le premier artiste français à réintroduire le néo-classicisme après la période romantique ?

Réponse 274

La réponse est B. Serge de Diaghilev (1872-1929), créateur des Ballets russes, monta en ballet *Daphnis et Chloé* et *la Valse*, compositions qu'il avait commandées à Ravel.

Pour s'imposer sur le plan musical, Ravel (1875-1937) se présenta trois fois au concours de Rome, qui était à l'époque l'un des plus célèbres concours de composition. Il y remporta le deuxième prix en 1901. Le refus qui lui fut opposé pour sa participation en 1905 provoqua un véritable tollé en France.

Réponse 275

La réponse est A. Claude Debussy (1862-1918) est le créateur de l'impressionnisme, nom donné au mouvement qui prit naissance au début du XXe siècle par référence à l'impressionnisme pictural. Les composantes en sont généralement les suivantes : référence à la nature, recherche des correspondances sensorielles entre l'ouïe, la vue et l'odorat, écriture musicale nuancée et diffuse. Les principales pièces connues de

Debussy sont *La Mer* (1905), *Pelléas et Mélisande* (1902) et *Prélude à l'après-midi d'un faune* (1894).

Réponse 276

La réponse est C. A sa création en 1875, *La Danse macabre* souleva une tempête de protestations. Par la suite, cette œuvre sera cependant l'une des plus jouées du répertoire de Camille Saint-Saëns (1835-1921), déjà de son vivant, et aussi l'une des plus connues du public.

Réponse 277

La réponse est C. Erik Satie (1866-1925) avait une prédilection pour les titres biscornus. Il ne nomma cependant jamais aucune de ses œuvres *Prélude pour une pomme cuite au four*.

Ses œuvres les plus populaires restent ses pièces pour piano : *Trois Gymnopédies* (1888) et *Six Gnossiennes* (1890-91).

Erik Satie fut très tôt considéré comme un avant-gardiste. Il s'associa à de nombreuses expériences qui furent chacune des provocations anti artistiques.

Question 276

Comment fut saluée la première de *La Danse macabre* de Saint-Saëns :

A. les critiques musicaux saluèrent cette pièce comme la première œuvre impressionniste ?

B. la première provoqua un tel tollé que Saint-Saëns ne représenta plus cette pièce en concert de son vivant ?

C. cette pièce n'eut guère de succès à son début mais devint rapidement la pièce la plus jouée du répertoire de Saint-Saëns ?

Question 277

Erik Satie avait l'habitude de donner à ses compositions des titres dérisoires. Quel titre n'est pas de lui :

A. *Véritables Préludes flasques pour un chien* ?

B. *Trois Morceaux en forme de poire* ?

C. *Prélude pour une pomme cuite au four* ?

Question 278

Quelle était l'une des principales caractéristiques de Saint-Saëns :

A. il était doté d'une mémoire hors du commun à tel point que Debussy dit de lui : « C'est l'homme qui connaît le mieux la musique du monde entier » ?

B. pianiste extraordinaire, il fut tellement prisé par le public qu'il composa fort peu ?

C. son éclectisme au niveau musical était extraordinaire puisqu'il jouait du piano, du cor, du violon et du hautbois ?

Question 279

Une de ces œuvres ne fut pas créée par Gounod, laquelle :

A. *Faust ?*

B. *L'Arlésienne ?*

C. *Mireille ?*

Réponse 278

La réponse est A. Saint-Saëns possédait incontestablement un savoir et une mémoire hors du commun. Le commentaire de Debussy : « C'est l'homme qui connaît le mieux la musique du monde entier » n'est qu'une illustration de ses capacités. Ses compositions en souffrent plus qu'elles n'en bénéficient. Nombre de musicologues lui reprochent de n'avoir fait qu'un amalgame des différents styles qu'il connaissait. C'est pourquoi il incarne la tradition académique.

Il faut cependant souligner qu'il fut à la base d'un renouveau de la symphonie. Il écrivit quelques poèmes symphoniques remarquables tels que Phaéton (1872), la *Jeunesse d'Hercule* (1877), *La Danse macabre* (1874) ou encore le *Rouet d'Omphale* (1872).

Ses talents de pianiste furent salués par ses pairs mais ne l'empêchèrent pas de composer.

Réponse 279

La réponse est B. *L'Arlésienne* est un conte d'Alphonse Daudet (1860) qui fut transcrit par Bizet (1872). Par contre, Charles Gounod (1818-1893) a bien écrit un opéra Faust qui connut deux versions (1859, 1869) ainsi qu'un autre opéra : *Mireille* (1864), qui renouvellent le genre en France. On lui

reproche une certaine pauvreté de langage harmonique et de rythmes mais il eut le mérite de conserver une écriture très personnelle alors que la musique française était écartelée entre l'opéra italien et l'opéra historique, représenté par Meyerbeer.

Réponse 280

La réponse est A. Gabriel Fauré (1845-1924) fut un maître de musique de chambre mais ne se consacra guère à l'écriture concertante et symphonique. La raison de cette prédilection se trouve sans doute dans la surdité presque totale qui le frappa dès 1903.

On distingue trois périodes dans les compositions de Fauré. Une première, jusque 1880, très romantique; une seconde, où l'auteur développe des orchestrations et des harmonies chatoyantes caractérisées par un art sensuel; et, enfin, la troisième période, celle de la surdité, où il se consacre uniquement à des œuvres intimistes, musiques de chambre et pièces pour piano.

Réponse 281

La réponse est B. C'est *l'Apprenti sorcier* de Paul Dukas (1865-1935) qui fut illustré à l'écran dans l'extraordinaire dessin animé *Fantasia* que Walt Disney réalisa en

Question 280

Dans quel genre Gabriel Fauré fut-il le plus à l'aise :

A. la musique de chambre ?

B. les concertos ?

C. les symphonies ?

Question 281

Quelle œuvre de Paul Dukas fut illustrée à l'écran :

A. *Ariane et Barbe-Bleue* ?

B. *L'Apprenti sorcier* ?

C. *Sonnet de Ronsard* ?

Gabriel Fauré

Italie

Question 282

Pour quelle raison Rossini, quoique italien, laissa une trace importante dans le monde musical français :

- A. il forma un grand nombre de compositeurs français, dont Bizet, en tant qu' inspecteur de chant sous Charles X ?
- B. il monta plusieurs de ses œuvres à l'opéra de Paris en tant que directeur dudit opéra ?
- C. il composa un opéra en français, qui resta le prototype du grand opéra de langue française ?

Question 283

Quelle est l'une des principales caractéristiques du fameux Adagio d'Albinoni :

- A. c'est un pastiche composé au XXe siècle qu'on attribua à Albinoni ?
- B. c'est une œuvre d'un auteur inconnu du XVIIIe siècle que l'on attribua erronément à Albinoni ?
- C. c'est la dernière œuvre écrite par Albinoni ?

1940. *Fantasia*, réalisé avec la collaboration de Léopold Stokovski, met en scène des œuvres de Tchaïkovski (*Casse-noisettes*), Schubert (*Ave Maria*), Beethoven (*La Pastorale*), Moussorgski (*Une Nuit sur le Mont-Chauve*), Stravinski (*Le Sacre du printemps*), Bach (*Toccata et fugue en ré mineur*) et Ponchielli (*La Gioconda*).

Paul Dukas, à l'instar de Claude Debussy, peut être considéré comme un représentant de l'impressionnisme en France.

Réponse 282

La réponse est C. C'est en composant *Guillaume Tell* que Rossini marqua la musique française. Cet opéra reste, en effet, l'opéra type français.

Sans avoir été directeur de l'Opéra de Paris, Rossini s'engagea toutefois à écrire une œuvre par an destinée à être jouée en ce haut lieu de l'art lyrique.

Réponse 283

La réponse est A. Le fameux Adagio d'Albinoni (1671-1751) est en réalité un pastiche écrit au XXe siècle et attribué à ce dernier. Il fut écrit par le musicologue ita-

Chapitre 6 : Musique

lien Remo Giazotto (né en 1910) à partir d'une base chiffrée et de quelques mesures de violon composées par Albinoni. Ce pastiche contribua cependant beaucoup à la redécouverte de ce compositeur depuis 1950.

Réponse 284

La réponse est A. Antonio Vivaldi (1678-1741) fut tonsuré à 15 ans et ordonné prêtre à 25 ans. Sa santé délicate lui permit de se faire exempter de ses devoirs ecclésiastiques. Il put donc se consacrer à la composition. Vivaldi était très prolifique et participa notamment à l'élaboration de quatre-vingts opéras.

Réponse 285

La réponse est C. Arturo Toscanini (1867-1957) n'a pas achevé la composition de *Turandot*.
Puccini est mort avant d'avoir terminé *Turandot*. Il avait cependant laissé assez de notes pour que son ami Alfano puisse terminer l'écriture de cet opéra grandiose. Alfano s'écarta cependant en divers points de la ligne tracée par Puccini. L'opéra fut créé à la Scala de Milan en 1926.

Question 284

Quelle était l'autre activité de Vivaldi :

A. il était prêtre ?
B. il était physicien ?
C. il était botaniste ?

Question 285

Parmi les trois événements cités ci-dessous, quel est celui qui ne se produisit pas lors de la première de *Turandot*, opéra de Puccini dirigé pour l'occasion par Toscanini :

A. Toscanini refusa d'interpréter l'hymne mussolinien ?
B. Toscanini arrêta l'exécution de l'œuvre à l'endroit où Puccini lui-même s'était arrêté à sa mort ?
C. Toscanini dirigeait pour la première fois un opéra qu'il avait en partie composé ?

Question 286

Pourquoi Puccini ne produisit-il la *Tosca* qu'en 1900, alors que cette pièce l'intéressait depuis 1889 :

A. la pièce était déjà écrite en 1889, mais Puccini refusa de la produire pour des raisons qui restent inconnues ?

B. la *Tosca* est une œuvre difficile. Puccini s'y attela en 1889 et ne la termina qu'en 1900 après l'avoir remaniée plusieurs fois ?

C. Puccini ne put obtenir les droits de la pièce que Fianchetti venait de lui souffler d'une courte longueur ?

Question 287

D'où nous vient la première version de *Turandot* :

A. le premier livret a été écrit par Puccini (1920) ?

B. c'est à l'origine une pièce de théâtre de Gozzi (1762) ?

C. le premier manuscrit est une traduction de François de Pétit de la Croix d'un récit oriental ?

Réponse 286

La réponse est C. Giacomo Puccini (1858-1924) ne put obtenir les droits de la pièce que Fianchetti venait de lui souffler d'une courte longueur.

L'histoire de cet opéra est longue. Entre le moment où Puccini reconnaît l'aptitude de la pièce *La Tosca* de Victorien Sardou à être adaptée à l'opéra et la première présentation de l'œuvre, onze ans se sont écoulés. Entretemps, Fianchetti, concurrent de Puccini, avait obtenu les droits nécessaires à l'adaptation de l'œuvre. En 1894, un livret travaillé par Luigi Illica, collaborateur de Fianchetti, fut présenté à Sardou. Verdi, qui assistait à l'événement, fut très enthousiasmé par le livret et cela conforta Puccini dans l'idée que cette pièce constituerait un excellent opéra. Il entama alors une véritable guerre des nerfs pour s'octroyer les droits de la Tosca. Fianchetti les lui céda finalement en 1895. Puccini ne se mit cependant pas directement au travail et ce n'est qu'en 1900 que la première représentation de l'opéra eut lieu.

Réponse 287

La réponse est C. Le premier manuscrit connu en Occident est la traduction d'un récit oriental

exécutée par François de Pétit de la Croix. Ce manuscrit servit de base au premier opéra *Turandot* qui se nommait *Princesse de Chine* et qui était l'œuvre d'Alain René Lesage et d'Orneval. Carlo Gozzi, qui connaissait également la traduction de Pétit de la Croix, transcrivit le manuscrit en une pièce de théâtre en 1762. Cette œuvre connut par la suite quelques autres adaptations par divers auteurs (Schiller, Tieck, Hoffmann, Busoni). À partir de 1920, Puccini travailla son œuvre dans une retraduction en italien de la pièce de Schiller.

Réponse 288

La réponse est B. Giuseppe Verdi (1813-1901) fut considéré comme le porte-drapeau du réveil italien et de la résistance à l'occupant autrichien. Les Milanais ne furent pas longs à établir le lien entre les souffrances endurées par le peuple hébreu et celles du peuple italien sous la férule de l'occupant autrichien et hongrois. Plus qu'un triomphe, la première fut marquée par une reprise frénétique voire délirante des premières paroles du fameux chœur. Malgré l'interdiction d'une telle manifestation publique, Verdi ne fut pas emprisonné.

Question 288

Que se passa-t-il à la première de l'opéra *Nabucco* de Verdi :

A. Verdi fut copieusement hué par le public ?

B. Verdi fut considéré comme le porte-drapeau du réveil italien et de la résistance à l'occupant autrichien ?

C. le triomphe de la première provoqua l'emprisonnement de Verdi car les Autrichiens y virent un camouflet et une incitation à la révolte ?

Giuseppe Verdi

Question 289

Que n'avait pas prévu Verdi en produisant *Rigoletto* :

A. que Victor Hugo l'attaquerait en justice pour une question de droit d'auteur, *Rigoletto* étant tiré du *Roi s'amuse* d'Hugo ?

B. que Victor Hugo, ébahi par la virtuosité du compositeur, lui lancerait : « L'œuvre de Verdi rend ma propre œuvre insignifiante » ?

C. qu'il s'attirerait les foudres de l'occupant autrichien ?

Question 290

Paganini se jouait des difficultés techniques grâce à une virtuosité hors du commun.
À quoi cette virtuosité était-elle partiellement due :

A. il possédait six doigts à la main gauche ?

B. il avait une extensibilité exceptionnelle de la main ?

C. il pratiquait journellement des exercices pianistiques très difficiles et très rapides ?

Réponse 289

La réponse est A. Victor Hugo entama un procès en contrefaçon contre Giuseppe Verdi. Finalement, Victor Hugo, admiratif devant le texte du quatuor du dernier acte, eut un bon geste et retira sa plainte.

Réponse 290

La réponse est B. Nicolo Paganini (1782-1840) possédait une main très longue qui lui permettait de se jouer de beaucoup de difficultés techniques. Sa pratique extraordinaire du violon était basée sur un attrait particulier pour les virtualités acrobatiques. Il composa également des œuvres pour violon seul ainsi que pour violon et pour guitare d'une très grande difficulté d'exécution.

Réponse 291

La réponse est A. Glinka (1804-1857), sans être le premier compositeur russe à transcrire des chants russes dans ses œuvres, fut néanmoins le premier à leur donner une dimension dramatique et à les transcender par l'introduction d'un sens mélodique nouveau. Quoique influencé par l'école italienne, il marqua définitivement la musique classique de son pays. Il fut le premier compo-

siteur russe dont les œuvres furent interprétées en France, et ce, grâce à Berlioz.

Cui (1835-1918), ingénieur de formation, aurait très bien pu rester un amateur s'il n'avait rencontré Balakirev. D'origine française, Cui manifesta un talent littéraire certain.

Balakirev (1837-1910) entreprit quant à lui une réédition de l'œuvre de Glinka. Il se caractérise par une soif de perfection telle qu'il mettra seize ans pour écrire *Thamar*, une œuvre de vingt-trois minutes! Il est à l'origine du Groupe des Cinq, qui était constitué de Moussorgski, Rimski-Korsakov, Cui, Borodine et lui-même.

Réponse 292

La réponse est A. *Une Nuit sur le mont Chauve* fut, selon Rimski-Korsakov, auteur de la seule version complétée et orchestrée qui nous soit parvenue, composée, en 1860, par Modeste Moussorgski (1839-1881). Il est symptomatique de constater que deux des œuvres parmi les plus célèbres de Moussorgski aient été orchestrées par d'autres compositeurs. C'est, en effet, également le cas de *Tableaux d'une exposition*, pièce orchestrée par Maurice Ravel.

Russie-URSS et pays slaves

Question 291

Quel compositeur peut être considéré comme le père de la musique classique russe :

    A. Glinka ?

    B. Cui ?

    C. Balakirev ?

Question 292

Parmi ces trois compositions, laquelle est de Modeste Moussorgski :

    A. *Une Nuit sur le mont Chauve* ?

    B. *La Symphonie fantastique* ?

    C. *La Symphonie inachevée* ?

Question 293

Quelle légende orientale fut utilisée par Rimski-Korsakov pour en faire une suite symphonique célèbre :

   A. *L'Enlèvement au sérail* ?

   B. *Les Mille et Une Nuits* ?

   C. *Ali Baba et les quarante voleurs* ?

Question 294

Quelle est la portée de la Symphonie pathétique de Tchaïkovski :

   A. c'est sa dernière œuvre et il y livre son testament spirituel et musical ?

   B. c'est une œuvre qu'il écrit à la suite de son mariage raté avec une de ses anciennes élèves ?

   C. c'est la première symphonie qu'il écrit et qui illustre déjà le tempérament dépressif de l'auteur ?

Outre la boisson, des troubles organiques profonds ont été les causes de l'incapacité de Moussorgski à terminer une œuvre. C'est la raison pour laquelle nombre d'entre elles furent complétées par ses amis du Groupe des Cinq: Cui, Balakirev, Rimski-Korsakov et Borodine. La *Symphonie fantastique* est une œuvre de Berlioz tandis que la *Symphonie inachevée* est une œuvre de Schubert.

Réponse 293

La réponse est B. Nicolaï Rimski-Korsakov (1844-1908) s'inspira des Contes des Mille et une Nuits pour écrire l'une de ses suites symphoniques les plus célèbres, *Shéhérazade*. A l'origine autodidacte, il s'attachera à la compréhension des œuvres de Bach et de Haendel pour s'initier à la composition et à l'orchestration. Son écriture laissera de nombreuses traces sur ses successeurs, notamment Stravinski dont *L'Oiseau de feu* et *Petrouchka* sont influencés par *Le Coq d'or*, opéra de Rimski-Korsakov.

Réponse 294

La réponse est A. *La Symphonie pathétique* est la dernière œuvre de Piotr Ilitch Tchaïkovski (1840-1893). Le final de cette symphonie est une véritable messe funèbre qui consacre la défaite de l'hom-

me devant son destin. Cette symphonie a d'ailleurs un caractère prémonitoire dans la mesure où sa création précède de peu le suicide de l'auteur, exigé par un jury d'honneur qui le condamne à la suite d'une affaire de mœurs. Certaines sources font mention du fait que le compositeur serait mort du choléra.

Tchaïkovski reste auprès du public le compositeur symphonique russe par excellence. Ses compositions doivent beaucoup à la générosité de Madame von Meck qui lui versait une rente annuelle de 6.000 roubles. Cette bourse permit à Tchaïkovski de se dégager de ses obligations professorales au conservatoire de Moscou et de son mariage raté (1877) avec une de ses anciennes élèves. Il put, dès lors, se consacrer entièrement à la composition. En raison d'une convention que les deux protagonistes prirent dès le départ, Tchaïkovski ne rencontra jamais Madame von Meck au cours des quatorze années où elle l'aida financièrement.

Piotr Illitch Tchaïkovski

Réponse 295

La réponse est A. À la suite de l'échec qui suivit la représentation de sa première symphonie, Serghëï Rachmaninov (1873-1943) fut incapable de composer pendant trois ans. Ce n'est qu'en 1900, à la suite d'un traitement psychiatrique,

Question 295

Qu'arriva-t-il à Rachmaninov suite à l'échec de la première représentation publique de sa première symphonie :

A. il renonça à la composition durant trois ans. C'est un traitement psychiatrique qui lui permit de retrouver son équilibre et de réécrire ?

B. il émigra aux États-Unis pour se libérer des contraintes de composition classique qui avaient cours en Europe ?

C. il produisit, immédiatement après, son deuxième concerto pour piano qui fut un succès mondial ?

Question 296

Comment peut-on qualifier l'écriture musicale de Béla Bartók :

A. elle peut être qualifiée de romantique ?

B. elle est très complexe et ne se rattache à aucun genre mais en inaugure un ?

C. elle est à associer à celle d'Alban Berg, inventeur du dodécaphonisme ?

Question 297

Pourquoi Chostakovitch vécut-il difficilement sa carrière de compositeur :

A. il fut victime des variations d'humeur du régime soviétique. Après avoir reçu le prix Staline, il fut mis à l'index pour ses différentes compositions ?

B. il était cardiaque et de nombreuses crises l'empêchèrent d'écrire régulièrement. De ce fait, plusieurs de ses œuvres restèrent inachevées ?

C. pris en grippe par Staline, il fut emprisonné pendant 12 ans pour ses compositions « antisoviétiques » ?

qu'il reprit la composition. En 1901, son deuxième concerto pour piano fut un succès mondial.

Rachmaninov a subi l'influence de Tchaïkovski, qui restera son idole sa vie durant. Cette influence se marque très fort dans ses compositions, sans toutefois leur enlever leur caractère original. Il est aujourd'hui considéré comme le dernier des grands compositeurs romantiques.

Réponse 296

La réponse est B. Béla Bartók (1881-1945), musicien hongrois, fait partie de ces compositeurs inclassables qui créèrent une musique originale formant à elle seule un style. Imprégné de musique populaire, l'art de Bartók est réellement très complexe et les contemporains qui ont subi son influence se sont contentés de puiser dans la thématique de l'auteur sans toutefois en pousser aussi loin l'exploitation.

Le dodécaphonisme est un système musical créé par Alban Berg et marqué par l'emploi exclusif des douzes sons de la gamme chromatique. Ce système marque un tournant important dans la musique du XXe siècle, la rupture avec la tonalité.

Réponse 297

La réponse est A. Dimitri Chostakovitch (1906-1975) fut victime

des contradictions du régime sous lequel il vivait. Il fut, un temps, honoré comme compositeur officiel de l'Union soviétique et dénigré ensuite. Il est mort à la suite de plusieurs crises cardiaques consécutives qui n'eurent cependant aucune influence sur ses facultés créatrices.

Réponse 298

La réponse est B. L'apport d'Igor Stravinski (1882-1971) au point de vue musical fut sans doute l'utilisation d'une rythmique nouvelle. Il fit usage de la syncope, des ruptures continuelles et de la polyrythmie. Quant à la musique sérielle, elle fut inventée par Schönberg qui développa également, entre 1908 et 1923, le système dodécaphonique très proche. La musique dodécaphonique est le nom donné à la musique atonale utilisant les douze degrés chromatiques. La musique sérielle est l'énoncé, dans un ordre quelconque, des douze sons de l'échelle chromatique. Chaque son mis en série est théoriquement égal en droit.

Réponse 299

La réponse est A. Il s'agit de *Pierre et le loup*, œuvre initiatique pour les enfants, écrite en 1936.
Serge Prokofiev (1891-1953) se distingue par son caractère novateur

Question 298

Qu'est-ce qui caractérise l'œuvre de Stravinski :

A. il inventa la musique sérielle ?

B. il utilisa de nouvelles formes rythmiques dans ses œuvres, formes qui étaient fort peu connues jusque-là ?

C. il inventa la musique dodécaphonique ?

Question 299

Prokofiev se différencie des autres compositeurs du XXᵉ siècle par une originalité. Laquelle :

A. il a écrit une œuvre pour enfant ?

B. il n'a pas écrit un seul opéra ?

C. il a surtout composé de la musique religieuse ?

Serge Prokofiev

Question 300

Parmi ces trois compositeurs, quel est celui qui composa le moins de symphonies :

A. Gustav Mahler ?

B. Dimitri Chostakovitch ?

C. Wolfgang Amadeus Mozart ?

Wolfgang Amadeus Mozart

dans le domaine harmonique et instrumental. On le considère volontiers comme un héritier des classiques par sa faculté de trouver une ligne mélodique pour chaque style qu'il a pratiqué.

Comme Ravel, Stravinski et d'autres grands compositeurs, il a travaillé avec Serge de Diaghilev, directeur des Ballets russes, pour lequel il composa notamment la *Suite Scythe*, qui utilise un orchestre immense et qui est, en quelque sorte, la réplique de Prokofiev au *Sacre du printemps* de Stravinski.

Réponse 300

La réponse est A. Gustav Mahler ne composa que neuf symphonies, Chostakovitch en composa quinze et Mozart, une cinquantaine. Le record appartient sans doute à Haydn, qui créa pas moins de cent six symphonies cataloguées.

En ce qui concerne Mahler, il existe une dixième symphonie inachevée et une onzième symphonie intitulée *Le Chant de la terre*, qui, si elle n'est pas intitulée symphonie, peut néanmoins être considérée comme telle.

Index
Les chiffres renvoient aux numéros des questions

Index

9 7 8 2 7 0 8 1 3 5 0 1 7

N.M. Ferrers

An elementary treatise on spherical harmonics and subjects connected with them

ISBN/EAN: 9783742891594

Manufactured in Europe, USA, Canada, Australia, Japa

Cover: Foto ©berggeist007 / pixelio.de

Manufactured and distributed by brebook publishing software
(www.brebook.com)